小田急バス・立川バスの車両たち

C9387（いすゞ2DG-LV290N2）
小田急バスでは53年、立川バスでは翌54年から採用されている赤と白の一般路線バスカラー。
（写真1）

小田急バス・立川バスの車両の概要

●小田急バスの車両概説

　小田急バスと小田急シティバスを合わせた2018年2月1日現在の保有車両は、乗合584台（高速車33台含む）、貸切18台、特定11台、計613台である。

　一般路線車はいすゞ製が8割近くを占め、ノンステップバスに統一されている。主力の大型車はすべて短尺で、10・11年には日野製、13年にはいすゞ製のハイブリッドバスが採用された。

　空港高速車・昼行高速車はハイデッカー、夜行高速車はスーパーハイデッカーで、従来は三菱製に統一されていたが、13年から日野製が加わった。また一般貸切車は三菱製スーパーハイデッカーと日野製ハイデッカーである。

●社番解説

　04‐B 323
　① ② ③
①製造年

車両編　1

小田急バス・立川バスの車両たち

J987（三菱PKG-MP35UK）
立川バスだけに在籍する大型ワンステップバス。道路条件の良くない路線に使用されている。
（2）

C148（いすゞPDG-LR234J2）
三鷹駅とジブリ美術館を結ぶシャトルバス専用車は、ジブリデザインの黄色い車体である。
（3）

M810（三菱QKG-MP38FK）
07年の登場以来、人気の「リラックマバス」は現在、一般路線車4台、高速車1台が活躍中。
（4）

　西暦の下2桁（受託路線車・高速車・貸切車・特定車は原則表記なし）
②所属営業所
　A：吉祥寺／B：若林／C：武蔵境／D：狛江／E：登戸／F：町田／その他：小田急シティバス世田谷（原則表記なし）
③固有番号
　1～：夜行高速車／101～：日野小型路線車・契約貸切車・特定車／251～：日野ハイブリッド路線車／301～：いすゞ中型路線車／551～：三菱小型路線車／601～：三菱中型路線車／701～：いすゞハイブリッド路線車／1001～：空港高速車／2001～：昼行高速車／6001～：三菱大型ノンステップ路線車／9001～：いすゞ大型ノンステップ路線車／その他：一般貸切車（千位と百位で乗客定員を示す社番を付番）

小田急バス・立川バスの車両たち

50（日野2RG-RU1ESDA）
小田急シティバスの夜行高速車のデザインは、オレンジ、グリーン、ブルーの3種類がある。（5）

2016（三菱PJ-MS86JP）
シティバス立川に登場した復刻デザインの昼行高速車。主に立川〜飯田線に運用されている。（6）

●立川バスの車両概説

　立川バスとシティバス立川を合わせた2018年2月1日現在の保有車両は、乗合234台（高速車10台含む）、貸切14台、計248台で、全体の5割が三菱車、4割がいすゞ車という構成である。

　一般路線車の主力は大型ノンステップバスで、短尺を標準としながら、少数の中尺が並行増備されている。一部路線にワンステップバスも運用され、こちらは短尺と長尺が見られる。また98年式のツーステップバスが1台在籍し、今後の去就が注目されている。中型は03年からノンステップバスに統一され、三菱製の10.5m尺も活躍する。

　空港高速車・昼行高速車はハイデッカーで、従来は三菱製に統一されていたが、15年から日野製が加わった。貸切車としては夜行高速車から改造されたスーパーハイデッカーが活躍するほ

小田急バス・立川バスの車両たち

2404（日野2TG-RU1ASDA）
96年に採用された小田急グループ貸切カラー。空港高速車・昼行高速車にも使用されている。
（7）

5314（三菱QTG-MS96VP）
小田急シティバスの貸切車。犬のレリーフは小田急バスと同社の貸切車・高速車だけが踏襲。
（8）

か、大型ハイデッカーから小型まで在籍し、主に契約輸送を担当している。

● 社番解説

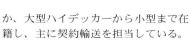

C 351
① ②

① 所属営業所
A：曙（あけぼの）／C：シティバス拝島／H：拝島（はいじま）／HA：昭島市受託拝島（あきしま）／J：上水（じょうすい）／M：瑞穂（みずほ）（高速車・貸切車は原則表記なし）

② 固有番号
1～：小型路線車／201～：三菱中型路線車／251～：三菱中型長尺路線車／301～：いすゞ中型路線車／701～：いすゞ大型路線車／801～・901～：三菱大型路線車／1001～：契約貸切車／1101～：三菱一般貸切車／1401～：日野一般貸切車／2001～：三菱高速車／2401～：日野高速車

D320（いすゞKK-LR233J1）　　　　（9）

B323（いすゞKK-LR233J1）　　　　（10）

D334（いすゞPA-LR234J1）　　　　（11）

D354（いすゞPDG-LR234J2）　　　（12）

D3002（いすゞSDG-LR290J1）　　（13）

D3019（いすゞSKG-LR290J2）　　（14）

C9029（いすゞKL-LV280L1）　　　（15）

E9031（いすゞKL-LV280L1）　　　（16）

E9043 (いすゞKL-LV280L1)　　　(17)

A9086 (いすゞPJ-LV234L1)　　　(18)

F134 (いすゞPJ-LV234L1)　　　(19)

A9236 (いすゞPKG-LV234L2)　　(20)

F9320 (いすゞLKG-LV234L3)　　(21)

...

C149 (いすゞLKG-LV234L3)　　(22)

C9329 (いすゞLKG-LV234L3)　　(23)

E9331 (いすゞQKG-LV234L3)　　(24)

D702（いすゞQQG-LV234L3） (25)

E9361（いすゞQDG-LV290N1） (26)

C404（トヨタPB-XZB40） (27)

C167（日野SKG-XZB50M） (28)

E421（日野KK-RX4JFEA） (29)

C125（日野PB-RX6JFAA） (30)

C137（日野ADG-HX6JLAE） (31)

F146（日野BDG-RX6JFBA） (32)

車両編 7

D138（日野BDG-HX6JLAE） (33)

D140（日野BDG-HX6JLAE） (34)

C141（日野BDG-HX6JLAE） (35)

C145（日野BDG-HX6JLAE） (36)

C155（日野SDG-HX9JLBE） (37)

D164（日野SDG-HX9JLBE） (38)

D169（日野SDG-HX9JLBE） (39)

C171（日野SDG-HX9JLBE） (40)

8

F172（日野SDG-HX9JLBE） (41)　　F176（日野SDG-HX9JLBE） (42)

F157（日野SDG-RR7JJCA） (43)　　E173（日野SDG-RR7JJCA） (44)

A251（日野BJG-HU8JLFP） (45)　　C256（日野LJG-HU8JLGP） (46)

F1025（日野QRG-RU1ASCA） (47)　　43（日野QPG-RU1ESBA） (48)

車両編　9

F1026（日野QTG-RU1ASCA） (49)

5312（日野QRG-RU1ESBA） (50)

46（日野QRG-RU1ESBA） (51)

2005（日野QRG-RU1ESBA） (52)

2006（日野2RG-RU1ESDA） (53)

E129（三菱PA-BE63DE） (54)

E556（三菱KK-ME17DF） (55)　F564（三菱PA-ME17DF） (56)

F567（三菱PA-ME17DF）

E121（三菱KK-MK25HJ）

E127（三菱PA-MK25FJ）

D614（三菱PA-MK27FH）

A6028（三菱KL-MP37JK）

E7609（三菱PJ-MP35JK）

D6050（三菱PJ-MP37JK）

A6051（三菱PKG-MP35UK）

車両編　11

D6058（三菱LKG-MP37FK） (65)

A6120（三菱QKG-MP37FK） (66)

A6095（三菱QKG-MP38FK） (67)

5404（三菱KL-MS86MP） (68)

5206（三菱PJ-MS86JP） (69)

4807（三菱PJ-MS86JP） (70)

A1017（三菱PJ-MS86JP） (71)

36（三菱PJ-MS86JP） (72)

2001（三菱BKG-MS96JP） (73)

39（三菱BKG-MS96JP） (74)

5411（三菱BKG-MS96JP） (75)

F1020（三菱BKG-MS96JP） (76)

40（三菱LKG-MS96VP） (77)

A1022（三菱LKG-MS96VP） (78)

A1023（三菱QRG-MS96VP） (79)

45（三菱QRG-MS96VP） (80)

車両編 13

F1027（三菱QTG-MS96VP） (81)

C351（いすゞKK-LR233J1） (82)

C356（いすゞKK-LR233J1） (83)

J360（いすゞKK-LR233J1） (84)

H374（いすゞPA-LR234J1） (85)

J378（いすゞPDG-LR234J2） (86)

J380（いすゞSDG-LR290J1） (87)

H395（いすゞSKG-LR290J2） (88)

J717（いすゞKC-LV380L） (89)

H732（いすゞKL-LV280L1） (90)

J743（いすゞPJ-LV234L1） (91)

A735（いすゞPJ-LV234N1） (92)

H755（いすゞPKG-LV234L2） (93)

J764（いすゞLKG-LV234L3） (94)

J766（いすゞLKG-LV234L3） (95)

H769（いすゞLKG-LV234N3） (96)

車両編 15

J779 (いすゞQKG-LV234L3)　　　(97)

J770 (いすゞQKG-LV234N3)　　　(98)

J780 (いすゞQDG-LV290N1)　　　(99)

1066 (トヨタLDF-KDH223B)　　　(100)

1068 (日野SDG-XZB51M)　　　(101)

M14 (日野KK-RX4JFEA)　　　(102)

J29 (日野ADG-HX6JLAE)　　　(103)

J30 (日野BDG-RX6JFBA)　　　(104)

HA31(日野BDG-HX6JHAE)

J33(日野BDG-HX6JHAE)

J32(日野BDG-HX6JLAE)

J34(日野SDG-HX9JHBE)

J38(日野SDG-HX9JHBE)

M36(日野SDG-HX9JLBE)

J37(日野SDG-HX9JLBE)

HA40(日野SDG-HX9JLBE)

車両編 17

1063（日野PB-RR7JJAA）

1064（日野PDG-RR7JJBA）

1069（日野SDG-RR7JJCA）

1401（日野QRG-RU1ASCA）

2403（日野QTG-RU1ASCA）

1058（三菱KK-BE66DG）

1062（三菱PA-BE64DG）

J21（三菱KK-ME17DF）

M25 (三菱KK-ME17DF) (121)　　M27 (三菱PA-ME17DF) (122)

J28 (三菱PA-ME17DF) (123)　　M218 (三菱KK-MK25HJ) (124)

H253 (三菱PA-MK27FM) (125)　　H920 (三菱KL-MP37JK) (126)

H927 (三菱KL-MP37JK) (127)　　H937 (三菱KL-MP37JK) (128)

車両編 19

A916（三菱KL-MP37JM） (129)

J961（三菱PJ-MP35JK） (130)

A947（三菱PJ-MP35JM） (131)

M958（三菱PJ-MP37JK） (132)

M971（三菱PKG-AA274KAN） (133)

M985（三菱LKG-MP37FM） (134)

M801（三菱QKG-MP37FK） (135)

M988（三菱QKG-MP37FM） (136)

1143（三菱KL-MS86MP） (137)

2010（三菱PJ-MS86JP） (138)

2012（三菱PJ-MS86JP） (139)

2013（三菱BKG-MS96JP） (140)

営業所別・車種別車両数

営業所＼車種	いすゞ 乗合	いすゞ 貸切	いすゞ 特定	トヨタ 貸切	日野 乗合	日野 高速	日野 貸切	日野 特定	三菱ふそう 乗合	三菱ふそう 高速	三菱ふそう 貸切	三菱ふそう 特定	合計
吉祥寺営業所	40				3	1			26	5			75
若林営業所	27				3								30
武蔵境営業所	125		1	1	16			1					144
狛江営業所	80	1			9				33				123
登戸営業所	104					2	2				3	5	116
町田営業所	53		2		13	3	1		19	6	2		99
小田急バス	429	1	3	1	44	4	3	3	78	11	5	5	587
世田谷営業所					9	3			9	5			26
小田急シティバス					9	3			9	5			26
小田急バス合計	429	1	3	1	44	13	6	3	78	20	10	5	613
上水営業所	62				8		2		31		1		104
拝島営業所	22				3				24				49
瑞穂営業所				1	7				45		1		54
曙営業所	5			2			2		10				19
立川バス	89			3	18		4		110		2		226
拝島営業所	5	1			4	1			2	6	3		22
シティバス立川	5	1			4	1			2	6	3		22
立川バス合計	94	1		3	18	4	5		112	6	5		248

現有車両一覧表

■ 小田急バス

ISUZU

KK-LR233J1（いすゞ）
D	320	多200か 339	02	狛□
04-B	323	品200か1010	04	若○

PA-LR234J1（JBUS）
04-B	324	品200か1184	04	若○
04-D	325	多200か2136	04	狛○
04-B	326	品200か1187	04	若○
05-D	327	多200か 985	05	狛○
05-D	328	多200か 992	05	狛○
05-D	329	多200か1075	05	狛○
05-D	330	多200か1082	05	狛○
05-D	331	多200か1083	05	狛○
05-D	332	多200か1084	05	狛○
05-D	333	多200か1085	05	狛○
06-D	334	多200か1200	06	狛○
06-D	335	多200か1264	06	狛○
06-D	336	多200か1302	06	狛○
06-D	337	多200か1303	06	狛○
06-D	338	多200か1306	06	狛○
06-B	339	品200か1566	06	若○

PDG-LR234J2（JBUS）
08-D	340	多200か1674	08	狛○
08-D	341	多200か1675	08	狛○
09-B	342	品200か2018	09	若○
09-B	343	品200か2024	09	若○
09-D	344	多200か1821	09	狛○
09-D	345	多200か1822	09	狛○
09-D	346	多200か1844	09	狛○
09-B	347	品200か2073	09	若○
09-B	348	品200か2074	09	若○
09-B	349	品200か2093	09	若○
09-B	350	品200か2094	09	若○
09-B	351	品200か2095	09	若○
09-B	352	品200か2129	09	若○
09-D	353	多200か1921	09	狛○
09-D	354	多200か1932	09	狛○
09-D	355	多200か1951	09	狛○
10-C	356	多200か1962	10	境○
10-C	357	多200か1963	10	境○
10-C	358	多200か1966	10	境○
10-C	359	多200か1969	10	境○
10-B	360	品200か2337	10	若○
10-B	361	品200か2213	10	若○
10-B	362	世200か 48	10	若○
10-B	363	品200か2271	10	若○
10-B	364	品200か2300	10	若○
10-B	365	品200か2301	10	若○
10-B	366	品200か2303	10	若○
10-B	367	品200か2304	10	若○
11-D	370	多200か2209	11	狛○
11-D	371	多200か2216	11	狛○
C	147	多200か2130	11	境○
C	148	多200か2131	11	境○
11-C	369	多200か2190	11	境○

SDG-LR290J1（JBUS）
12-D	372	多200か2274	12	狛○
12-B	373	世200か 137	12	若○
12-D	374	多200か2278	12	狛○
12-D	375	多200か2279	12	狛○
12-D	376	多200か2280	12	狛○
12-B	377	品200か2417	12	若○
12-B	378	品200か2418	12	若○
12-B	379	品200か2441	12	若○
12-D3001		多200か2399	12	狛○
12-D3002		多200か2401	12	狛○
12-D3003		多200か2400	12	狛○
12-D3004		多200か2445	12	狛○
12-B3005		品200か2535	12	若○
12-D3006		多200か2465	12	狛○
14-D3007		多200か2689	14	狛○
14-D3008		多200か2745	14	狛○
15-D3009		多200か2757	15	狛○
15-D3010		多200か2759	15	狛○
15-D3011		多200か2766	15	狛○
C3012		多200か2870	15	境○
16-D3013		多200か2995	16	狛○

SKG-LR290J2（JBUS）
16-D3014		多200か3047	16	狛○
16-D3015		多200か3048	16	狛○
16-D3016		多200か3059	16	狛○
17-B3017		世200か 117	17	若○
17-C3018		多200か3250	17	境○
17-D3019		多200か3246	17	狛○

KL-LV280L1（いすゞ）
02-B9024		世200か 88	02	若○
03-C9029		多200か 572	03	境○
03-E9031		川200か 221	03	登○
03-E9034		川200か 270	03	登○
03-E9037		川200か 305	03	登○
03-F9040		多200か 702	03	町○
03-D9041		多200か 724	03	狛○
03-F9042		多200か 729	03	町○
03-E9043		川200か 354	03	登○
03-E9044		川200か 355	03	登○
03-E9045		川200か 356	03	登○
03-C9047		多200か 765	03	境○
03-C9048		多200か 779	03	境○
03-C9049		多200か 780	03	境○
03-E9050		川200か 359	03	登○
03-E9051		川200か 361	03	登○
03-E9052		川200か 362	03	登○

03-F9053 多200か 784 03 町○	05-D9092 多200か 962 05 狛○	06-C9132 多200か1146 06 境○
03-C9054 多200か 781 03 境○	05-E9093 川200か 476 05 登○	06-C9133 多200か1147 06 境○
03-E9056 川200か 363 03 登○	05-E9094 川200か 477 05 登○	06-C9134 多200か1148 06 境○
03-E9057 川200か 364 03 登○	05-A9095 多200か 967 05 吉○	06-C9135 多200か1160 06 境○
04-C9055 多200か 785 04 境○	05-C9096 多200か 968 05 境○	06-C9136 多200か1161 06 境○
04-F9058 多200か 786 04 町○	05-C9097 多200か 969 05 境○	06-C9137 多200か1168 06 境○
04-F9059 多200か 787 04 町○	05-C9098 多200か 970 05 境○	06-C9138 多200か1169 06 境○
04-D9060 多200か 795 04 狛○	05-D9099 多200か 971 05 狛○	06-C9139 多200か1170 06 境○
04-E9061 川200か 366 04 登○	05-D9100 多200か 972 05 狛○	06-E9140 川200か 595 06 登○
04-E9062 川200か 367 04 登○	05-D9101 多200か 973 05 狛○	06-E9141 川200か 596 06 登○
04-D9063 多200か 828 04 狛○	05-F9102 多200か 974 05 町○	06-E9142 川200か 597 06 登○
04-D9064 多200か 829 04 狛○	05-A9103 多200か 983 05 吉○	06-E9143 川200か 598 06 登○
04-E9065 川200か 369 04 登○	05-A9104 多200か 984 05 吉○	06-E9144 川200か 599 06 登○
04-E9066 川200か 370 04 登○	05-A9105 多200か 989 05 吉○	06-C9145 多200か1181 06 境○
04-F9067 多200か 835 04 町○	05-C9106 多200か 987 05 境○	06-C9146 多200か1182 06 境○
04-E9068 川200か 405 04 登○	05-C9107 多200か 988 05 境○	06-C9147 多200か1183 06 境○
04-F9069 多200か 857 04 町○	05-C9108 多200か 990 05 境○	06-F9148 多200か3145 06 町○
04-F9070 多200か 858 04 町○	05-D9109 多200か 986 05 狛○	06-F9149 多200か3144 06 町○
04-A9072 多200か 854 04 吉○	05-F9110 多200か 977 05 町○	06-F9150 多200か3146 06 町○
04-A9073 多200か 855 04 吉○	05-F9111 多200か 978 05 町○	06-E9151 川200か 611 06 登○
04-D9074 多200か 864 04 狛○	05-C9112 多200か1023 05 境○	06-E9152 川200か 677 06 登○
04-D9075 多200か 865 04 狛○	05-C9113 多200か1024 05 境○	06-E9153 川200か 678 06 登○
04-F9076 多200か 863 04 町○	05-C9114 多200か1025 05 境○	F 133 多200か1216 06 町△
04-D9077 多200か 904 04 狛○	05-C9115 多200か1036 05 境○	F 134 多200か1217 06 町△
04-D9078 多200か 905 04 狛○	05-E9116 川200か 522 05 登○	06-C9154 多200か1255 06 境○
04-E9079 川200か 414 04 登○	05-E9117 川200か 523 05 登○	06-C9155 多200か1256 06 境○
04-E9080 川200か 415 04 登○	05-C9118 多200か1076 05 境○	06-C9156 多200か1257 06 境○
04-E9081 川200か 444 04 登○	05-E9119 川200か 533 05 登○	06-C9157 多200か1259 06 境○
04-A9082 多200か 916 04 吉○	05-E9120 川200か 534 05 登○	06-C9158 多200か1260 06 境○
	05-E9121 川200か 535 05 登○	06-F9159 多200か1262 06 町○
PJ-LV234L1（JBUS）	05-E9122 川200か 536 05 登○	06-F9160 多200か1263 06 町○
04-A9083 多200か 951 04 吉○	05-E9123 川200か 537 05 登○	06-C9161 多200か1261 06 境○
04-A9084 多200か 952 04 吉○	05-F9124 多200か 978 05 町○	05-C9162 多200か1265 05 境○
04-D9085 多200か 955 04 狛○	05-F9125 多200か1098 05 町○	06-C9163 多200か1266 06 境○
05-A9086 多200か 959 05 吉○	05-F9126 多200か1099 05 町○	06-C9164 多200か1267 06 境○
05-A9087 多200か 960 05 吉○	05-E9127 川200か 562 05 登○	06-C9165 多200か1268 06 境○
05-C9088 多200か 956 05 境○	05-C9128 多200か1130 05 境○	06-E9166 川200か 690 06 登○
05-C9089 多200か 957 05 境○	05-C9129 多200か1131 05 境○	06-E9167 川200か 691 06 登○
05-C9090 多200か 958 05 境○	05-C9130 多200か1132 05 境○	06-E9168 川200か 692 06 登○
05-D9091 多200か 961 05 狛○	05-E9131 川200か 593 05 登○	06-E9169 川200か 693 06 登○

06-E9170	川200か 694	06	登○
06-C9171	多200か1272	06	境○
06-C9172	多200か1273	06	境○
06-C9173	多200か1274	06	境○
06-C9174	多200か1279	06	境○
06-E9176	川200か 695	06	登○
06-E9177	川200か 696	06	登○
06-E9178	川200か 702	06	登○
06-E9179	川200か 703	06	登○
06-C9180	多200か1296	06	境○
05-C9181	多200か1297	05	境○
06-C9182	多200か1304	06	境○
06-C9183	多200か1305	06	境○
06-C9184	多200か1348	06	境○
06-C9185	多200か1350	06	境○
06-C9186	多200か1351	06	境○
06-C9187	多200か1357	06	境○
06-C9188	多200か1358	06	境○
06-C9189	多200か1359	06	境○
06-E9190	川200か 722	06	登○
06-E9191	川200か 723	06	登○
06-A9192	多200か1313	06	吉○
06-F9193	多200か1314	06	町○
06-A9194	多200か1317	06	吉○
06-A9195	多200か1373	06	吉○
06-A9196	多200か1384	06	吉○
06-A9197	多200か1385	06	吉○
06-C9198	多200か1376	06	境○
06-C9199	多200か1377	06	境○
06-C9200	多200か1381	06	境○
06-C9201	多200か1382	06	境○
06-C9202	多200か1383	06	境○
06-F9203	多200か1368	06	町○
06-F9204	多200か1369	06	町○
06-C9205	多200か1390	06	境○
06-C9206	多200か1406	06	境○
06-C9207	多200か1407	06	境○
06-E9208	川200か 763	06	登○
06-E9209	川200か 764	06	登○
06-F9210	多200か1422	06	町○
06-F9211	多200か1423	06	町○
07-E9212	川200か 798	07	登○
07-E9213	川200か 799	07	登○

PKG-LV234L2（JBUS）

07-A9214	多200か1499	07	吉○
07-A9215	多200か1500	07	吉○
07-A9216	多200か1507	07	吉○
07-A9217	多200か1508	07	吉○
07-E9218	川200か 807	07	登○
07-E9219	川200か 808	07	登○
07-F9220	多200か1502	07	町○
07-C9221	多200か1512	07	境○
07-C9222	多200か1513	07	境○
07-C9223	多200か1514	07	境○
07-E9224	川200か 815	07	登○
07-E9225	川200か 816	07	登○
07-F9226	多200か1522	07	町○
07-F9227	多200か1523	07	町○
07-F9228	多200か1524	07	町○
07-E9229	川200か 831	07	登○
07-C9230	多200か1555	07	境○
07-C9231	多200か1556	07	境○
07-C9232	多200か1557	07	境○
07-D9233	多200か1563	07	狛○
07-D9234	多200か1574	07	狛○
07-D9235	多200か1575	07	狛○
07-A9236	多200か1579	07	吉○
07-C9237	多200か1580	07	境○
07-C9238	多200か1581	07	境○
07-C9239	多200か1582	07	境○
07-C9240	多200か1583	07	境○
07-A9241	多200か1587	07	吉○
07-A9242	多200か1588	07	吉○
07-A9243	多200か1589	07	吉○
07-A9244	多200か1590	07	吉○
07-C9245	多200か1585	07	境○
07-C9246	多200か1586	07	境○
08-A9247	多200か1617	08	吉○
08-C9248	多200か1620	08	境○
08-C9249	多200か1621	08	境○
08-C9250	多200か1622	08	境○
08-F9251	多200か1611	08	町○
08-F9252	多200か1628	08	町○
08-F9252	多200か1629	08	町○
08-A9254	多200か1637	08	吉○
08-C9255	多200か1631	08	境○
08-C9256	多200か1632	08	境○
08-E9257	川200か 877	08	登○
08-E9258	川200か 878	08	登○
08-E9259	川200か 879	08	登○
08-E9260	川200か 880	08	登○
08-E9261	川200か 886	08	登○
08-C9262	多200か1650	08	境○
08-C9263	多200か1651	08	境○
08-C9264	多200か1652	08	境○
08-D9265	多200か1643	08	狛○
08-D9266	多200か1644	08	狛○
08-D9267	多200か1645	08	狛○
08-F9268	多200か1639	08	町○
08-A9269	多200か1638	08	吉○
08-D9270	多200か1646	08	狛○
08-A9271	多200か1692	08	吉○
08-A9272	多200か1693	08	吉○
08-D9273	多200か1698	08	狛○
08-D9274	多200か1701	08	狛○
08-D9275	多200か1699	08	狛○
08-F9276	多200か1690	08	町○
08-F9277	多200か1691	08	町○
08-F9278	多200か1694	08	町○
08-F9279	多200か1695	08	町○
08-D9280	多200か1702	08	狛○
08-A9281	多200か1716	08	吉○
08-A9282	多200か1717	08	吉○
08-A9283	多200か1718	08	吉○
08-A9284	多200か1719	08	吉○
08-C9285	多200か1709	08	境○
08-C9286	多200か1710	08	境○
08-D9287	多200か1704	08	狛○
08-D9288	多200か1707	08	狛○

08-D9289　多200か1708　08　狛○
08-D9290　多200か1715　08　狛○
08-A9291　多200か1744　08　吉○
08-A9292　多200か1745　08　吉○
08-D9293　多200か1733　08　狛○
08-D9294　多200か1734　08　狛○
08-E9295　川200か 965　08　登○
08-E9296　川200か 966　08　登○
08-F9297　多200か1730　08　町○
08-D9298　多200か1735　08　狛○
09-F9299　多200か1810　09　町○
09-A9300　多200か1828　09　吉○
09-C9301　多200か1830　09　境○
09-C9302　多200か1845　09　境○
09-C9303　多200か1846　09　境○
09-E9304　川200か1047　09　登○
09-E9305　川200か1053　09　登○
09-E9306　川200か1054　09　登○
09-C9307　多200か1886　09　境○
09-C9308　多200か1887　09　境○
10-E9309　川200か1084　10　登○
10-E9310　川200か1085　10　登○
10-E9311　川200か1086　10　登○
10-C9312　多200か1939　10　境○
10-E9313　川200か1102　10　登○
10-E9314　川200か1103　10　登○
10-F9315　多200か1938　10　町○

LKG-LV234L3（JBUS）

11-E9316　川200か1197　11　登○
11-A9317　多200か1828　11　吉○
11-F9318　多200か2086　11　町○
11-F9319　多200か2111　11　町○
11-F9320　多200か2112　11　町○
11-F9321　多200か2192　11　町○
11-F9322　多200か2193　11　町○
11-C9323　多200か2195　11　境○
11-C9324　多200か2196　11　境○
　C 149　多200か2197　11　境△
11-F9325　多200か2203　11　町○

11-C9326　多200か2253　11　境○
11-C9327　多200か2254　11　境○
12-C9328　多200か2285　12　境○
12-C9329　多200か2286　12　境○

QKG-LV234L3（JBUS）

12-E9330　川200か1320　12　登○
12-E9331　川200か1348　12　登○
12-E9332　川200か1353　12　登○
12-E9333　川200か1356　12　登○
12-E9334　川200か1357　12　登○
13-E9335　川200か1387　13　登○
13-E9336　川200か1399　13　登○
13-E9337　川200か1400　13　登○
13-E9338　川200か1401　13　登○
13-E9339　川200か1402　13　登○
13-E9340　川200か1403　13　登○
13-E9341　川200か1404　13　登○
13-E9342　川200か1405　13　登○
13-E9343　川200か1406　13　登○
13-E9344　川200か1407　13　登○
13-E9345　川200か1408　13　登○
13-C9346　多200か2535　13　境○
14-C9347　多200か2700　14　境○
14-E9348　川200か1475　14　登○
14-E9349　川200か1488　14　登○
14-E9350　川200か1489　14　登○
14-E9351　川200か1490　14　登○
14-C9352　多200か2739　14　境○

QQG-LV234L3（JBUS）

13-D 701　多200か2588　13　狛○
13-D 702　多200か2591　13　狛○

QDG-LV290N1（JBUS）

16-C9353　多200か2925　16　境○
16-C9354　多200か2928　16　境○
16-C9355　多200か2929　16　境○
16-E9356　川200か1565　16　登○
16-E9357　川200か1566　16　登○

16-C9358　多200か2933　16　境○
16-C9359　多200か2939　16　境○
16-C9360　多200か2943　16　境○
16-E9361　川200か1567　16　登○
16-E9362　川200か1568　16　登○
16-E9363　川200か1569　16　登○
16-E9364　川200か1570　16　登○
16-E9365　川200か1573　16　登○
16-F9366　多200か2931　16　町○
16-A9367　多200か3002　16　吉○
16-A9368　多200か3003　16　吉○
16-C9369　多200か3038　16　境○
16-C9370　多200か3039　16　境○
16-C9371　多200か3040　16　境○
16-D9372　多200か3043　16　狛○
16-F9373　多200か3070　16　町○
16-F9374　多200か3071　16　町○
16-F9375　多200か3072　16　町○
16-F9376　多200か3076　16　町○
16-F9377　多200か3077　16　町○
16-F9378　多200か3078　16　町○
16-C9379　多200か3127　16　境○
16-C9380　多200か3172　17　境○
16-C9381　多200か3173　17　境○
16-D9382　多200か3176　16　狛○
16-D9383　多200か3177　16　狛○
17-E9384　川200か1695　17　登○
17-E9385　川200か1696　17　登○
17-E9386　川200か1697　17　登○

2DG-LV290N2（JBUS）

17-C9387　多230あ9387　17　境○

TOYOTA

PB-XZB40（トヨタ）

　C 404　多200あ 390　06　境□

HINO

車両編　25

SKG-XZB50M（トヨタ）

　C　167　多200あ　880　15　境△

KK-RX4JFEA（日野）

　E　111　川200か1510　01　登□
　E　421　川200か1512　01　登□

PB-RX6JFAA（JBUS）

　C　125　多200あ　285　04　境○
　C　126　多200あ　286　04　境○

ADG-HX6JLAE（JBUS）

　C　137　多200か1471　07　境○

BDG-RX6JFBA（JBUS）

　F　146　多200か2117　11　町○

BDG-HX6JLAE（JBUS）

　D　138　多230あ5004　08　狛○
　D　139　多230い5004　08　狛○
08-D　140　多200か1792　08　狛○
　C　141　多200か2048　10　境○
10-D　142　多200か2051　10　狛○
　C　143　多200か2068　10　境○
　C　144　多200か2069　10　境○
　C　145　多200か2071　10　境○

SDG-HX9JLBE（JBUS）

11-D　150　多200か2243　11　狛○
　C　151　多200か2265　11　境○
　F　152　多200か2302　12　町○
　F　153　多200か2303　12　町○
　F　154　多200か2304　12　町○
　C　155　多200か2298　12　境○
　C　156　多200か2411　12　境○
　F　158　多200か2564　13　町○
　C　159　多200か2563　13　境○
　C　160　多200か2570　13　境○
　F　161　多200か2650　14　町○
14-B　162　世200か　　6　14　若○

14-B　163　世200か　　9　14　若○
　D　164　多200か2746　14　狛○
　F　165　多200か2763　15　町○
15-D　166　多200か2875　15　狛○
16-D　168　多200か3007　16　狛○
16-D　169　多200か3028　16　狛○
　C　171　多200か3091　16　境○
　F　172　多200か3093　16　町○
　F　174　多200か3163　17　町○
　F　175　多200か3175　17　町○
　F　176　多200か3224　17　町○
17-B　177　世200か　136　17　若○

SDG-RR7JJCA（JBUS）

　F　157　多200か2507　13　町□
　E　170　川200か1620　16　登△
　E　173　川200か1634　16　登△

BJG-HU8JLFP（JBUS）

10-A　251　多200か1943　10　吉○
10-A　252　多200か1944　10　吉○
10-A　253　多200か1945　10　吉○

LJG-HU8JLGP（JBUS）

10-C　254　多200か2064　10　境○
10-C　255　多200か2065　10　境○
10-C　256　多200か2115　10　境○
11-C　257　多200か2261　11　町○
11-C　258　多200か2262　11　町○

QRG-RU1ASCA（JBUS）

F1025　多200か2604　13　町◎

QPG-RU1ESBA（JBUS）

　41　品200か2668　13　世◎
　43　品200か2739　14　世◎

QTG-RU1ASCA（JBUS）

F1026　多200か2898　15　町◎
A1028　多200か3023　16　吉○

F1029　多200か3252　17　町◎

QRG-RU1ESBA（JBUS）

5312　品230お5312　14　世□
5313　世210お5313　15　世□
　46　世200か　　41　15　世□
2004　世200か　　51　15　世□
　47　世200か　　80　16　世□
2005　世200か　102　16　世□
　48　世200か　112　17　世□
5615　世210あ5615　17　世□

2RG-RU1ESDA（JBUS）

　50　世210あ　50　17　世◎
2006　世210あ2006　17　世◎

MITSUBISHI FUSO

PA-BE63DE（MFBM）

　E　128　川200あ　80　05　登△
　E　129　川200あ　81　05　登△

KK-ME17DF（MBM/MFBM）

　E　556　多200か1491　03　登□
　E　560　多200か1536　03　登□
　F　561　多200か　853　04　町□
　F　562　多200か　903　04　町□

PA-ME17DF（MFBM）

05-F　563　多200か3261　05　町○
　F　564　多200か1126　05　町○
　F　567　多200あ　441　07　町○

KK-MK25HJ（MBM）

　E　121　川200か　376　01　登□

PA-MK25FJ（MFBM）

　E　127　川200か　570　05　登△

PA-MK27FH（MFBM）

06-D 613　多200か1365　06　狛○
06-D 614　多200か1366　06　狛○
07-D 615　多200か1503　07　狛○

KL-MP37JK（MFBM）

03-A6028　多200か 745　03　吉○
03-D6029　多200か 746　03　狛○
04-A6030　多200か 799　04　吉○
04-D6031　多200か 800　04　狛○
04-A6032　多200か 831　04　吉○
04-D6033　多200か 834　04　狛○

PJ-MP35JK（MFBM）

E7609　川200か 801　07　登△
E7610　川200か 802　07　登△

PJ-MP37JK（MFBM）

05-A6034　多200か1073　05　吉○
05-A6035　多200か1074　05　吉○
05-D6036　多200か1109　05　狛○
05-D6037　多200か1110　05　狛○
05-D6038　多200か1113　05　狛○
05-A6039　多200か1120　05　吉○
05-A6040　多200か1121　05　吉○
05-D6041　多200か1127　05　狛○
05-D6042　多200か1128　05　狛○
06-D6043　多200か1287　06　狛○
06-D6044　多200か1288　06　狛○
06-D6045　多200か1289　06　狛○
06-D6046　多200か1298　06　狛○
06-D6047　多200か1328　06　狛○
06-D6048　多200か1329　06　狛○
06-A6049　多200か1430　06　吉○
06-D6050　多200か1431　06　狛○

PKG-MP35UK（MFBM）

09-A6051　多200か1927　09　吉○
09-A6052　多200か1928　09　吉○

LKG-MP37FK（MFBM）

10-D6053　多200か2075　10　狛○
10-D6054　多200か2080　10　狛○
11-A6055　多200か2089　11　吉○
11-A6056　多200か2090　11　吉○
11-D6057　多200か2266　11　狛○
11-D6058　多200か2267　11　狛○

QKG-MP37FK（MFBM）

12-F6059　多200か2412　12　町○
12-F6060　多200か2413　12　町○
12-F6061　多200か2451　12　町○
12-F6062　多200か2466　12　町○
12-F6063　多200か2470　12　町○
13-A6064　多200か2483　13　吉○
13-A6065　多200か2485　13　吉○
13-A6066　多200か2556　13　吉○
13-A6120　多230あ3625　13　吉○
13-A6068　多200か2612　13　吉○
14-D6069　多200か2643　14　狛○
14-D6070　多200か2647　14　狛○
14-D6071　多200か2680　14　狛○
14-F6072　多200か2704　14　町○

QKG-MP38FK（MFBM）

15-A6073　多200か2781　15　吉○
15-F6074　多200か2784　15　町○
15-D6075　多200か2841　15　狛○
15-D6076　多200か2843　15　狛○
15-A6077　多200か2893　15　吉○
15-D6078　多200か2888　15　狛○
15-D6079　多200か2905　15　狛○
16-A6080　多200か2944　16　吉○
16-A6081　多200か2945　16　吉○
16-A6082　多200か2950　16　吉○
16-A6083　多200か2956　16　吉○
16-F6084　多200か2948　16　町○
16-F6085　多200か2958　16　町○
16-A6086　多200か3014　16　吉○
16-F6087　多200か3061　16　町○
16-F6088　多200か3062　16　町○

16-F6089　多200か3064　16　町○
16-F6090　多200か3079　16　町○
16-F6091　多200か3080　16　町○
16-F6092　多200か3086　16　町○
16-F6093　多200か3087　16　町○
17-A6094　多200か3164　17　吉○
17-A6095　多200か3165　17　吉○
17-D6096　多200か3160　17　狛○
17-D6097　多200か3161　17　狛○
17-D6098　多200か3253　17　狛○
17-D6099　多200か3254　17　狛○

KL-MS86MP（MFBM）

5404　品230あ5404　05　世□

PJ-MS86JP（MFBM）

5206　品230あ5206　06　世◎
A1015　多200か1166　06　吉◎
F1016　多200か1167　06　町◎
4807　品230か1490　06　世□
4808　品230か1491　06　世□
A1017　多200か1284　06　吉◎
F1018　多200か1283　06　町◎
36　品200か1653　07　世◎

BKG-MS96JP（MFBM）

37　品200か1812　08　世◎
2001　品200か1943　08　世◎
2002　品200か1944　08　世◎
2003　品200か2062　09　世◎
39　品200か2144　09　世◎
5411　品230あ5411　10　世□
F1019　多200か2030　10　町◎
F1020　多200か2031　10　町◎

LKG-MS96VP（MFBM）

40　品200か2332　11　世◎
A1021　多200か2251　11　吉◎
A1022　多200か2258　11　吉◎

車両編　27

QRG-MS96VP(MFBM)
A1023 多200か2376 12 吉◎
A1024 多200か2384 12 町◎

45 世200か 26 15 世◎

QTG-MS96VP(MFBM)
F1027 多200か3006 16 町◎
5314 世210あ5314 16 世□

■ 立川バス ■

ISUZU

KK-LR233J1(いすゞ)
C 351 多200か 325 01 シ◯
C 353 多200か 397 02 シ◯
C 356 多200か 461 02 シ□
J 358 多200か 524 02 上◯
J 360 多200か 600 03 上◯

PA-LR234J1(JBUS)
J 361 多200か 918 04 上◯
J 362 多200か 925 04 上◯
J 363 多200か 926 04 上◯
J 364 多200か 932 04 上◯
H 365 多200か 945 04 拝◯
J 366 多200か1105 05 上◯
J 367 多200か1136 05 上◯
C 368 多200か1333 06 シ◯
J 369 多200か1334 06 上◯
J 370 多200か1352 06 上◯
C 371 多200か1362 06 シ◯
J 372 多200か1363 06 上◯
J 373 多200か1378 06 上◯
H 374 多200か1540 07 拝◯
H 375 多200か1541 07 拝◯
H 376 多200か1560 07 拝◯

PDG-LR234J2(JBUS)
J 377 多200か1630 08 上◯
J 378 多200か1767 08 上◯
J 379 多200か1768 08 上◯

SDG-LR290J1(JBUS)
J 380 多200か2690 14 上◯
J 381 多200か2706 14 上◯

H 382 多200か2710 14 拝◯
J 383 多200か2718 14 上◯
J 384 多200か2796 15 上◯
H 385 多200か2845 15 拝◯
J 386 多200か2862 15 上◯
J 387 多200か2865 15 上◯
J 388 多200か2868 15 上◯

SKG-LR290J2(JBUS)
J 389 多200か3019 16 上◯
H 390 多200か3021 16 拝◯
H 391 多200か3095 16 拝◯
H 392 多200か3099 16 拝◯
J 393 多200か3101 16 上◯
J 394 多200か3230 17 上◯
H 395 多200か3235 17 拝◯
J 396 多200か3240 17 上◯
H 397 多200か3065 17 拝◯

KC-LV380L(富士)
J 717 多 22か5098 98 上◯

KL-LV280L1(いすゞ)
H 728 多200か 891 04 拝◯
J 730 多200か 908 04 上◯
J 731 多200か 909 04 上◯
H 732 多200か 910 04 拝◯

PJ-LV234L1(JBUS)
J 738 多200か1278 06 上◯
J 739 多200か1290 06 上◯
J 740 多200か1291 06 上◯
H 741 多200か1332 06 拝◯
J 742 多200か1461 07 上◯
J 743 多200か1462 07 上◯

J 744 多200か1464 07 上◯
J 745 多200か1465 07 上◯

PJ-LV234N1(JBUS)
A 733 多200か1209 06 曙
A 734 多200か1210 06 曙
A 735 多200か1211 06 曙
A 736 多200か1212 06 曙
A 737 多200か1213 06 曙

PKG-LV234L2(JBUS)
J 746 多200か1615 08 上◯
J 747 多200か1616 08 上◯
J 748 多200か1802 09 上◯
J 749 多200か1803 09 上◯
J 750 多200か1808 09 上◯
J 751 多200か1809 09 上◯
J 752 多200か1823 09 上◯
H 753 多200か1896 09 拝◯
H 754 多200か1917 09 拝◯
H 755 多200か1955 10 拝◯
H 756 多200か1956 10 拝◯
J 757 多200か1996 10 上◯
J 758 多200か1998 10 上◯
H 759 多200か2014 10 拝◯
C 360 多200か2015 10 シ◯
J 761 多200か2020 10 上◯

LKG-LV234L3(JBUS)
J 762 多200か2160 11 上◯
J 763 多200か2161 11 上◯
J 764 多200か2162 11 上◯
J 765 多200か2163 11 上◯
J 766 多200か2164 11 上◯
J 767 多200か2182 11 上◯

J 768 多200か2183 11 上○

LKG-LV234N3（JBUS）

H 769 多200か2198 11 拝○

QKG-LV234L3（JBUS）

J 772 多200か2480 13 上○
J 773 多200か2481 13 上○
J 775 多200か2541 13 上○
J 776 多200か2543 13 上○
H 777 多200あ 777 13 拝○
J 778 多200か2580 13 上○
J 779 多200か2616 13 上○

QKG-LV234N3（JBUS）

J 770 多230あ 23 12 上○
J 771 多200か2471 12 上○
H 774 多200か2488 13 拝○

QDG-LV290N1（JBUS）

J 780 多200か3241 17 上○

TOYOTA

LDF-KDH223B（トヨタ）

1065 多200あ 697 12 曙□
1066 多200あ 699 12 曙□
1067 八200あ 364 12 瑞□

HINO

SDG-XZB51M（トヨタ）

1068 多200あ 731 13 上□

KK-RX4JFEA（日野）

M 8 八200か 108 99 瑞○
M 14 八200か 115 99 瑞○

ADG-HX6JLAE（JBUS）

J 29 多200か1404 06 上○

BDG-RX6JFBA（JBUS）

J 30 多200か1684 08 上○

BDG-HX6JHAE（JBUS）

HA 31 多200あ 498 08 拝○
J 33 多200あ 592 09 上○

BDG-HX6JLAE（JBUS）

J 32 多200か1916 09 上○

SDG-HX9JHBE（JBUS）

J 34 多200あ 691 12 上○
J 35 多200あ 695 12 上○
J 38 多200あ 721 12 上○

SDG-HX9JLBE（JBUS）

M 36 八200か1651 12 瑞○
J 37 多200か2452 12 上○
HA 39 多200あ 722 12 拝○
HA 40 多200あ 733 13 拝○
M 41 八200か1831 14 瑞○
M 42 八200か1963 15 瑞○
M 43 八200か2129 17 瑞○
M 44 八200か2130 17 瑞○

PB-RR7JJAA（JBUS）

1063 多200か1535 07 曙□

PDG-RR7JJBA（JBUS）

1064 多200か1847 08 曙□

SDG-RR7JJCA（JBUS）

1069 多200か2780 15 上□

QRG-RU1ASCA（JBUS）

1401 多200か2657 14 シ○

QTG-RU1ASCA（JBUS）

2401 多200か2837 15 シ◎
2402 多200か3128 16 シ◎

2403 多200か3181 17 シ◎

2TG-RU1ASDA（JBUS）

2404 多200か3271 17 シ◎

MITSUBISHI FUSO

KK-BE66DG（MBM）

1058 多200あ 210 00 上□

PA-BE64DG（MFBM）

1062 多200あ 386 06 シ□

KK-ME17DF（MBM/MFBM）

J 21 多200か 507 02 上○
M 24 八200か 625 03 瑞○
M 25 八200か 629 03 瑞○
M 26 八200か 630 03 瑞○

PA-ME17DF（MFBM）

M 27 八200か 801 05 瑞○
J 28 多200か1250 06 上○

KK-MK25HJ（MBM）

M 218 八200か 467 02 瑞□

PA-MK27FM（MFBM）

M 251 八200か 781 05 瑞○
H 253 多200か1003 05 拝○
J 254 多200か1005 05 上○
H 255 多200か1050 05 拝○

KL-MP37JK（MBM/MFBM）

A 917 多200か2785 01 曙○
C 919 多200か 319 01 シ□
H 920 多200か 340 02 拝○
J 921 多200か 365 02 上○
J 924 多200か3108 02 上○
H 925 多200か3113 02 拝○
H 927 多200か3126 02 拝○

J 928	多200か 643	03	上○
J 929	多200か 644	03	上○
H 930	多200か 658	03	拝○
M 931	八200か1698	03	瑞○
J 932	多200か 710	03	上○
J 933	多200か 711	03	上○
J 934	多200か 712	03	上○
H 935	多200か 713	03	拝○
M 936	八200か 619	03	瑞○
H 937	多200か 715	03	拝○
J 938	多200か 722	03	上○
J 939	多200か 723	03	上○
J 940	多200か 725	03	上○
J 941	多200か 726	03	上○

KL-MP37JM（MBM）

| A 916 | 多200か 201 | 01 | 曙○ |

PJ-MP35JK（MFBM）

| J 960 | 多200か1567 | 07 | 上○ |
| J 961 | 多200か1568 | 07 | 上○ |

PJ-MP35JM（MFBM）

A 944	多200か1201	06	曙○
A 945	多200か1202	06	曙○
A 946	多200か1203	06	曙○
A 947	多200か1204	06	曙○
A 948	多200か1205	06	曙○
A 949	多200か1206	06	曙○
A 950	多200か1207	06	曙○
A 951	多200か1208	06	曙○

PJ-MP37JK（MFBM）

H 942	多200か1220	06	拝○
H 943	多200か1221	06	拝○
J 952	多200か2404	06	上○
M 953	八200か 938	06	瑞○
H 954	多200か1285	06	拝○
H 955	多200か1286	06	拝○
M 956	八230あ5656	06	瑞○

J 957	多200か1402	06	上○
M 958	八200か1071	07	瑞○
M 959	八200か1089	07	瑞○

PKG-MP35UK（MFBM）

| J 987 | 多200か1841 | 09 | 上○ |

PKG-AA274KAN（西工）

M 962	八200か1125	07	瑞○
H 963	多200か1612	08	拝○
H 964	多200か1613	08	拝○
H 965	多200か1614	08	拝○
H 966	多200か1782	08	拝○
M 967	八200か1226	08	瑞○
M 968	八200か1233	09	瑞○
M 969	八200か1236	09	瑞○
M 970	八200か1243	09	瑞○
M 971	八200か1246	09	瑞○
M 972	八200か1247	09	瑞○
M 973	八200か1248	09	瑞○
M 974	八200か1292	09	瑞○
M 975	八200か1295	09	瑞○
H 976	多200か1894	09	拝○
M 977	八200か1307	09	瑞○
H 978	多200か1907	09	拝○
C 979	多200か1908	09	シ○
M 980	八200か1338	10	瑞○
C 981	多200か1965	10	シ○
M 982	八200か1360	10	瑞○
M 983	八200か1397	10	瑞○
M 984	八200か1398	10	瑞○

LKG-MP37FM（MFBM）

| M 985 | 八200か1530 | 11 | 瑞○ |
| M 986 | 八200か1531 | 11 | 瑞○ |

QKG-MP37FK（MFBM）

H 993	多200か2501	13	拝○
H 994	多200か2502	13	拝○
J 995	多200か2544	13	上○

J 996	多200か2617	13	上○
M 997	八200か1756	13	瑞○
M 998	八200か1760	13	瑞○
M 999	八200か1761	13	瑞○
M 801	八200か1763	13	瑞○

QKG-MP37FM（MFBM）

M 988	八200か1615	12	瑞○
J 989	多200か2393	12	上○
M 990	八200か1627	12	瑞○
H 991	多200か2410	12	拝○
J 992	多200か2430	12	上○

QKG-MP38FK（MFBM）

H 802	多200か2719	14	拝○
J 803	多200か2721	14	上○
M 804	八200か1840	14	瑞○
J 805	多200か2771	15	上○
H 806	多200か2774	15	拝○
M 807	八200か1871	15	瑞○
H 808	多200か2783	15	拝○
M 809	八200か1873	15	瑞○
M 810	八200か1874	15	瑞○
J 811	多200か2831	15	上○
J 812	多200か2832	15	上○
J 813	多200か2833	15	上○
M 814	八200か1948	15	瑞○
M 815	八200か2066	16	瑞○
M 816	八200か2069	16	瑞○
M 817	八200か2074	16	瑞○
M 818	八200か2093	16	瑞○
M 819	八200か2094	16	瑞○
M 820	八200か2102	16	瑞○
J 821	多200か3279	17	上○
J 822	多200か3283	17	上○
J 823	多200か3286	17	上○

KL-MS86MP（MFBM）

| 1143 | 多200か1051 | 05 | シ□ |

PJ-MS86JP(MFBM)
　　2010　多200か1189　06　シ◎
　　2012　多200か1391　06　シ◎

　　2016　多230あ5656　06　シ◎

BKG-MS96JP(MFBM)

　　2013　多200か1592　07　シ◎
　　2014　多200か1596　07　シ◎
　　2015　多200か1713　08　シ◎

●現有車両一覧表凡例
　<u>KK-LR233J1</u>　<u>(いすゞ)</u>
　　　①　　　　　②
　<u>04-B323</u>　<u>品200か1010</u>　<u>04</u>　<u>若</u>　<u>○</u>
　　　③　　　　④　　　　⑤⑥　⑦
①車台型式（改は省略）
②ボディメーカー
③社番（P2・4参照）
④登録番号
　品：品川／世：世田谷／多：多摩／
　八：八王子／川：川崎
⑤年式（登録年西暦の下2桁）
⑥所属営業所
　吉：小田急バス吉祥寺／若：若林／
　境：武蔵境／狛：狛江／登：登戸／
　町：町田／世：小田急シティバス世
　田谷／上：立川バス上水／拝：拝島
　／瑞：瑞穂／曙：曙／シ：シティバ
　ス立川拝島
⑦用途
　○：一般路線車／◎：高速車／□：
　貸切車／△：特定車

現有車両車種別解説

■小田急バス

ISUZU

●KK-LR233J1　　　　　　　(9・10)
　機関6HH1、軸距4400mmの中型車。前中引戸・黒枠逆T字型窓（323はサッシレス）のエルガミオノンステップバス。320は貸切車に転用されている。

●PA-LR234J1　　　　　　　　(11)
　機関6HK1、軸距4400mmの中型車。前中引戸・黒枠逆T字型窓のエルガミオノンステップバスである。

●PDG-LR234J2　　　　　　(3・12)
　機関6HK1、軸距4400mmの中型車。前中引戸・黒枠逆T字型窓のエルガミオノンステップバスで、11年式はAT仕様、147・148は前照灯が2灯のジブリ美術館シャトルバスである。

●SDG-LR290J1　　　　　　　(13)
　機関4HK1、軸距4400mmの中型車。前中引戸・黒枠逆T字型窓・AT仕様のエルガミオノンステップバス。3012はジブリ美術館シャトルバスである。

●SKG-LR290J2　　　　　　　(14)
　機関4HK1、軸距4400mmの中型車。前中引戸・黒枠逆T字型窓・AMT仕様のエルガミオノンステップバスで、カラーLEDが採用されている。

●KL-LV280L1　　　　　　(15〜17)
　機関8PE1、軸距4800mmの短尺大型車。前中引戸・黒枠逆T字型窓（3034からサッシレス）のエルガノンステップバスで、9031・9034・9037・9040・9042は高出力仕様となっている。

●PJ-LV234L1　　　　　　(18・19)
　機関6HK1、軸距4800mmの短尺大型車。9083〜9174・9176〜9213は前中引戸・黒枠逆T字型窓のエルガノンステップバスである。133・134は前折戸・銀枠引き違い窓のエルガツーステップバスである。

●PKG-LV234L2　　　　　　　(20)
　機関6HK1、軸距4800mmの短尺大型車。前中引戸・黒枠逆T字型窓のエルガノンステップバス。9257・9286・

9297・9298は「きゅんたバス」である。
●LKG-LV234L3　　　　　　（21〜23）
　機関6HK1、軸距4800mmの短尺大型車。9316〜9329は前中引戸・黒枠逆T字型窓のエルガノンステップバスで、11年式からAT仕様。9317は「きゅんたバス」である。149は前中引戸・黒枠逆T字型窓・AT仕様のエルガワンステップバスである。

●QKG-LV234L3　　　　　　　（24）
　機関6HK1、軸距4800mmの短尺大型車。前中引戸・黒枠逆T字型窓・AT仕様のエルガノンステップバスである。

●QQG-LV234L3　　　　　　　（25）
　機関6HK1、軸距4800mmの短尺大型車。前中引戸・黒枠逆T字型窓・AMT仕様のエルガハイブリッドノンステップバスである。

●QDG-LV290N1　　　　　　　（26）
　機関4HK1、軸距5300mmの短尺大型車。前中引戸・黒枠逆T字型窓・AT仕様のエルガノンステップバスで、9367からカラーLEDが採用されている。

●2DG-LV290N2　　　　　　　　（1）
　機関4HK1、軸距5300mmの短尺大型車。前中引戸・黒枠逆T字型窓・AT仕様のエルガノンステップバスで、カラーLEDが採用されている。

TOYOTA

●PB-XZB40　　　　　　　　　（27）
　機関N04C、軸距3200mmの短尺小型車。中折戸・銀枠引き違い窓のコースターである。

HINO

●SKG-XZB50M　　　　　　　　（28）
　機関N04C、軸距3935mmの長尺小型車。スイングドア・黒枠引き違い窓のリエッセⅡである。

●KK-RX4JFEA　　　　　　　　（29）
　機関J05C、軸距3550mmの小型車。前中折戸・黒枠引き違い窓のリエッセ。貸切車に転用され、421は復刻カラーに塗られている。

●PB-RX6JFAA　　　　　　　　（30）
　機関J05D、軸距3550mmの小型車。前中折戸・黒枠引き違い窓・AT仕様のリエッセ。「ムーバス」に使用されている。

●ADG-HX6JLAE　　　　　　　（31）
　機関J05D、軸距4825mmの長尺小型車。2扉・AT仕様のポンチョ。「ムーバス」に使用されている。

●BDG-RX6JFBA　　　　　　　（32）
　機関J05D、軸距3550mmの小型車。前中折戸・黒枠引き違い窓・AT仕様のリエッセ。「iバス」に使用されている。

●BDG-HX6JLAE　　　　　　（33〜36）
　機関J05D、軸距4825mmの長尺小型車。2扉・AT仕様のポンチョ。138・139は「こまバス」、141は「みたかシティバス」、143〜145は「ムーバス」に使用されている。

●SDG-HX9JLBE　　　　　　（37〜42）
　機関J05E、軸距4825mmの長尺小型車。2扉・AT仕様のポンチョ。151・155・156・159・160は「みたかシティバス」、152〜154・158・161・172・175は「iバス」、164は「調布市ミニバス」、165・174・176は「玉ちゃんバス」、171は「ムーバス」に使用されている。

●SDG-RR7JJCA　　　　　　（43・44）
　機関J07E、軸距4490mmの中型車。前折戸・黒枠引き違い窓のメルファで、16年式はAT仕様となっている。

●BJG-HU8JLFP　　　　　　　（45）
　機関J08E、軸距4800mmの短尺大型車。前中引戸・黒枠逆T字型窓のブルーリボンシティハイブリッドノンステ

ップバスである。

●LJG-HU8JLGP (46)
機関J08E、軸距4800mmの中尺大型車。前中引戸・黒枠逆T字型窓のブルーリボンシティハイブリッドノンステップバスである。

●QRG-RU1ASCA (47)
機関A09C、軸距6080mmの大型車。スイングドア・T字型窓のセレガHD。トイレつき52人乗りの高速車である。

●QPG-RU1ESBA (48)
機関E13C、軸距6080mmの大型車。スイングドア・固定窓のセレガSHD。トイレつき28人乗りの高速車である。

●QTG-RU1ASCA (49)
機関A09C、軸距6080mmの大型車。スイングドア・T字型窓のセレガHDで、1029はカラーLEDを採用。トイレつき52人乗りの高速車である。

●QRG-RU1ESBA (50〜52)
機関E13C、軸距6080mmの大型車。2004・2005・5312・5313・5615はスイングドア・T字型窓のセレガHD。2004・2005はトイレつき54人乗りの高速車、5312・5313・5615は53・56人乗りの貸切車である。46〜48はスイングドア・固定窓のセレガSHD。トイレつき28人乗りの高速車である。

●2RG-RU1ESDA (5・53)
機関E13C、軸距6080mmの大型車。2006はスイングドア・T字型窓・カラーLED装備のセレガHD。トイレつき53人乗りの高速車である。50はスイングドア・固定窓・カラーLED装備のセレガSHD。トイレつき28人乗りの高速車である。

MITSUBISHI FUSO

●PA-BE63DE (54)
機関4M50、軸距3490mmの短尺小型車。中折戸・銀枠引き違い窓のローザである。

●KK-ME17DF (55)
機関4M50、軸距3560mmの小型車。前中折戸・黒枠逆T字型窓のエアロミディMEノンステップバス。貸切車に転用されている。

●PA-ME17DF (56・57)
機関4M50、軸距3560mmの小型車。563・564は前中折戸・黒枠逆T字型窓のエアロミディMEノンステップバス。564は「玉ちゃんバス」に使用されている。567は前中折戸・黒枠逆T字型窓のエアロミディME・CNGノンステップバス。「玉ちゃんバス」に使用されている。

●KK-MK25HJ (58)
機関6M61、軸距4390mmの中型車。前折戸・銀枠引き違い窓のエアロミディMKツーステップバスである。

●PA-MK25FJ (59)
機関6M60、軸距4390mmの中型車。前折戸・銀枠引き違い窓のエアロミディMKツーステップバスである。

●PA-MK27FH (60)
機関6M60、軸距4260mmの中型車。前中引戸・銀枠逆T字型窓のエアロミディMKノンステップバスである。

●KL-MP37JK (61)
機関6M70、軸距4800mmの短尺大型車。前中引戸・銀枠逆T字型窓のエアロスターノンステップバスである。

●PJ-MP35JK (62)
機関6M70、軸距4800mmの短尺大型車。前折戸・黒枠引き違い窓のエアロスターツーステップバスである。

●PJ-MP37JK (63)
機関6M70、軸距4800mmの短尺大型車。前中引戸・銀枠逆T字型窓のエアロスターノンステップバスである。

●PKG-MP35UK (64)

機関MD92、軸距4800mmの短尺大型車。前中引戸・黒枠逆T字型窓のエアロスターノンステップバスである。

●LKG-MP37FK　　　　　　　　（65）
　機関6M60、軸距4800mmの短尺大型車。前中引戸・黒枠逆T字型窓・AT仕様のエアロスターノンステップバスである。

●QKG-MP37FK　　　　　　　　（66）
　機関6M60、軸距4800mmの短尺大型車。前中引戸・黒枠逆T字型窓・AT仕様のエアロスターノンステップバスである。

●QKG-MP38FK　　　　　　　　（67）
　機関6M60、軸距4995mmの短尺大型車。前中引戸・黒枠逆T字型窓・AT仕様のエアロスターノンステップバスで、6086からカラーLEDが採用されている。

●KL-MS86MP　　　　　　　　　（68）
　機関8M21、軸距6150mmの大型車。スイングドア・T字型窓のエアロクィーンⅠ。54人乗りの貸切車である。

●PJ-MS86JP　　　　　　　　（69〜72）
　機関6M70、軸距6000mmの大型車。1015〜1018はスイングドア・T字型窓・直結冷房仕様のエアロバス。トイレつき49人乗りの高速車である。5206・4807・4808はスイングドア・T字型窓のエアロクィーンⅠ。5206は52人乗りの貸切転用高速車、4807・4808はトイレつき48人乗りの貸切車である。36はスイングドア・固定窓のエアロクィーンⅠ。トイレつき28人乗りの高速車である。

●BKG-MS96JP　　　　　　　（73〜76）
　機関6M70、軸距6000mmの大型車。2001〜2003・1019・1020はスイングドア・T字型窓・直結冷房仕様のエアロエース。2001〜2003は59人乗り、1019・1020はトイレつき49人乗りの高速車である。5411はスイングドア・T字型窓のエアロクィーン。54人乗りの貸切車である。37・39はスイングドア・固定窓のエアロクィーン。トイレつき28人乗りの高速車である。

●LKG-MS96VP　　　　　　　（77・78）
　機関6R10、軸距6095mmの大型車。1021・1022はスイングドア・T字型窓・直結冷房仕様のエアロエース。トイレつき51人乗りの高速車である。40はスイングドア・固定窓のエアロクィーン。トイレつき28人乗りの高速車である。

●QRG-MS96VP　　　　　　　（79・80）
　機関6R10、軸距6095mmの大型車。1023・1024はスイングドア・T字型窓・屋根上直結冷房仕様のエアロエース。トイレつき51人乗りの高速車である。45はスイングドア・固定窓・床下直結冷房仕様のエアロクィーン。トイレつき28人乗りの高速車である。

●QTG-MS96VP　　　　　　　　（8・81）
　機関6R10、軸距6095mmの大型車。1027はスイングドア・T字型窓・屋根上直結冷房仕様のエアロエース。トイレつき51人乗りの高速車である。5314はスイングドア・T字型窓・床下直結冷房仕様のエアロクィーン。53人乗りの貸切車である。

■立川バス

ISUZU

●KK-LR233J1　　　　　　　　（82〜84）
　機関6HH1、軸距4400mmの中型車。351・353は前中引戸・黒枠逆T字型窓のエルガミオワンステップバスである。356・358・360は前中引戸・逆T字型窓（360はサッシレス）のエルガミオノンステップバス。356は貸切車

に転用されている。
●PA-LR234J1　　　　　　　　(85)
　機関6HK1、軸距4400mmの中型車。前中引戸・黒枠逆T字型窓のエルガミオノンステップバスである。
●PDG-LR234J2　　　　　　　　(86)
　機関6HK1、軸距4400mmの中型車。前中引戸・黒枠逆T字型窓のエルガミオノンステップバス。379は「リラックマバス」である。
●SDG-LR290J1　　　　　　　　(87)
　機関4HK1、軸距4400mmの中型車。前中引戸・黒枠逆T字型窓・AT仕様のエルガミオノンステップバスである。
●SKG-LR290J2　　　　　　　　(88)
　機関4HK1、軸距4400mmの中型車。前中引戸・黒枠逆T字型窓・AMT仕様のエルガミオノンステップバスである。
●KC-LV380L　　　　　　　　　(89)
　機関8PE1、軸距4800mmの短尺大型車。前中引戸・黒枠2段窓の富士ボディを持つツーステップバスである。
●KL-LV280L1　　　　　　　　(90)
　機関8PE1、軸距4800mmの短尺大型車。前中引戸・黒枠逆T字型窓のエルガノンステップバスである。
●PJ-LV234L1　　　　　　　　(91)
　機関6HK1、軸距4800mmの短尺大型車。前中引戸・黒枠逆T字型窓のエルガノンステップバスである。
●PJ-LV234N1　　　　　　　　(92)
　機関6HK1、軸距5300mmの中尺大型車。前中引戸・黒枠逆T字型窓のエルガノンステップバスである。
●PKG-LV234L2　　　　　　　(93)
　機関6HK1、軸距4800mmの短尺大型車。前中引戸・黒枠逆T字型窓のエルガノンステップバスである。
●LKG-LV234L3　　　　　　(94・95)
　機関6HK1、軸距4800mmの短尺大型車。763・764は前中引戸・黒枠逆T字型窓・AT仕様のエルガワンステップバスである。762・765〜768は前中引戸・黒枠逆T字型窓・AT仕様のエルガノンステップバスである。
●LKG-LV234N3　　　　　　　　(96)
　機関6HK1、軸距5300mmの中尺大型車。前中引戸・黒枠逆T字型窓・AT仕様のエルガノンステップバスである。
●QKG-LV234L3　　　　　　　　(97)
　機関6HK1、軸距4800mmの短尺大型車。前中引戸・黒枠逆T字型窓・AT仕様のエルガノンステップバス。778は「リラックマバス」である。
●QKG-LV234N3　　　　　　　　(98)
　機関6HK1、軸距5300mmの中尺大型車。前中引戸・黒枠逆T字型窓・AT仕様のエルガノンステップバスである。
●QDG-LV290N1　　　　　　　　(99)
　機関4HK1、軸距5300mmの短尺大型車。前中引戸・黒枠逆T字型窓・AT仕様のエルガノンステップバスである。

TOYOTA
●LDF-KDH223B　　　　　　　(100)
　機関1KD、軸距3110mmのワンボックスカー。2WD・ディーゼル仕様のハイエースコミューターである。

HINO
●SDG-XZB51M　　　　　　　　(101)
　機関N04C、軸距3935mmの長尺小型車。スイングドア・黒枠引き違い窓のリエッセIIである。
●KK-RX4JFEA　　　　　　　　(102)
　機関J05C、軸距3550mmの小型車。前中折戸・銀枠引き違い窓のリエッセ。「MMシャトル」に使用されている。
●ADG-HX6JLAE　　　　　　　(103)
　機関J05D、軸距4825mmの長尺小型車。2扉仕様のポンチョ。「くにっこ」

に使用されている。
●BDG-RX6JFBA　　　　　　（104）
　機関J05D、軸距3550㎜の小型車。前中折戸・黒枠引き違い窓のリエッセCNGバス。「ぶんバス」に使用されている。
●BDG-HX6JHAE　　　　（105・106）
　機関J05D、軸距4125㎜の短尺小型車。1扉・AT仕様のポンチョ。31は「Aバス」、33は「くるりんバス」に使用されている。
●BDG-HX6JLAE　　　　　　（107）
　機関J05D、軸距4825㎜の長尺小型車。2扉・AT仕様のポンチョ。「くるりんバス」に使用されている。
●SDG-HX9JHBE　　　　（108・109）
　機関J05E、軸距4125㎜の短尺小型車。1扉・AT仕様のポンチョ。34は「くにっこ」、35・38は「くるりんバス」に使用されている。
●SDG-HX9JLBE　　　　（110〜112）
　機関J05E、軸距4825㎜の長尺小型車。36・37・41〜44は2扉・AT仕様のポンチョ。36・41〜44は「MMシャトル」、37は「くるりんバス」に使用されている。39・40は1扉・AT仕様のポンチョCNGバス。「Aバス」に使用されている。
●PB-RR7JJAA　　　　　　　（113）
　機関J07E、軸距4490㎜の中型車。前折戸・黒枠引き違い窓のメルファである。
●PDG-RR7JJBA　　　　　　（114）
　機関J07E、軸距4490㎜の中型車。前折戸・黒枠引き違い窓のメルファである。
●SDG-RR7JJCA　　　　　　（115）
　機関J07E、軸距4490㎜の中型車。前折戸・黒枠引き違い窓・AT仕様のメルファである。

●QRG-RU1ASCA　　　　　　（116）
　機関A09C、軸距6080㎜の大型車。スイングドア・T字型窓のセレガHD。トイレつき52人乗りの貸切車である。
●QTG-RU1ASCA　　　　　　（117）
　機関A09C、軸距6080㎜の大型車。スイングドア・T字型窓のセレガHD。トイレつき52人乗りの高速車である。
●2TG-RU1ASDA　　　　　　（7）
　機関A09C、軸距6080㎜の大型車。スイングドア・T字型窓・カラーLED装備のセレガHD。トイレつき52人乗りの高速車である。

MITSUBISHI FUSO
●KK-BE66DG　　　　　　　（118）
　機関4M50、軸距3995㎜の長尺小型車。スイングドア・黒枠固定窓のローザである。
●PA-BE64DG　　　　　　　（119）
　機関4M50、軸距3995㎜の長尺小型車。スイングドア・黒枠引き違い窓のローザである。
●KK-ME17DF　　　　　　（120・121）
　機関4M50、軸距3560㎜の小型車。21は前中折戸・黒枠逆T字型窓のエアロミディMEノンステップバスである。24〜26は前中折戸・銀枠逆T字型窓のエアロミディMEノンステップバス。「MMシャトル」に使用されている。
●PA-ME17DF　　　　　　（122・123）
　機関4M50、軸距3560㎜の小型車。前中折戸・銀枠逆T字型窓のエアロミディMEノンステップバス。27は「MMシャトル」に使用されている。
●KK-MK25HJ　　　　　　　（124）
　機関6M61、軸距4390㎜の中型車。前中引戸・黒枠逆T字型窓のエアロミディMKワンステップバス。貸切車に転用されている。
●PA-MK27FM　　　　　　　（125）

機関6M60、軸距5560mmの10.5m尺中型車。前中引戸・銀枠逆T字型窓のエアロミディMKノンステップバスである。

●KL-MP37JK　　　　　　（126〜128）
機関6M70、軸距4800mmの短尺大型車。917・919〜921は前中折戸・黒枠逆T字型窓のエアロスターノンステップバス。919は貸切車に転用されている。924・925・927は前中引戸・黒枠逆T字型窓のエアロスターノンステップバスである。928〜941は前中引戸・銀枠逆T字型窓のエアロスターノンステップバスである。

●KL-MP37JM　　　　　　　　（129）
機関6M70、軸距5300mmの中尺大型車。前中折戸・黒枠逆T字型窓のエアロスターノンステップバスである。

●PJ-MP35JK　　　　　　　　（130）
機関6M70、軸距4800mmの短尺大型車。前中引戸・銀枠逆T字型窓のエアロスターワンステップバスである。

●PJ-MP35JM　　　　　　　　（131）
機関6M70、軸距6000mmの長尺大型車。前中4枚折戸・銀枠逆T字型窓のエアロスターワンステップバスである。

●PJ-MP37JK　　　　　　　　（132）
機関6M70、軸距4800mmの短尺大型車。前中引戸・銀枠逆T字型窓のエアロスターノンステップバスである。

●PKG-MP35UK　　　　　　　　（2）
機関MD92、軸距4800mmの短尺大型車。前中引戸・銀枠逆T字型窓のエアロスターワンステップバスである。

●PKG-AA274KAN　　　　　　（133）
機関MD92、軸距4800mmの短尺大型車。前中引戸・黒枠逆T字型窓のエアロスターSノンステップバス。963は「リラックマバス」、971は「すみっコぐらしバス」である。

●LKG-MP37FM　　　　　　　（134）
機関6M60、軸距5300mmの中尺大型車。前中引戸・黒枠逆T字型窓・AT仕様のエアロスターノンステップバスである。

●QKG-MP37FK　　　　　　　（135）
機関6M60、軸距4800mmの短尺大型車。前中引戸・黒枠逆T字型窓・AT仕様のエアロスターノンステップバスである。

●QKG-MP37FM　　　　　　　（136）
機関6M60、軸距5300mmの中尺大型車。前中引戸・黒枠逆T字型窓・AT仕様のエアロスターノンステップバスである。

●QKG-MP38FK　　　　　　　　（4）
機関6M60、軸距4995mmの短尺大型車。前中引戸・黒枠逆T字型窓・AT仕様のエアロスターノンステップバス。810は「リラックマバス」である。

●KL-MS86MP　　　　　　　（137）
機関8M21、軸距6150mmの大型車。スイングドア・固定窓のエアロクィーンⅠ。トイレつき40人乗りの夜行高速車改造貸切車である。

●PJ-MS86JP　　　　（6・138・139）
機関6M70、軸距6000mmの大型車。2010はスイングドア・T字型窓・直結冷房仕様のエアロバス。トイレつき42人乗りの高速車である。2012・2016はスイングドア・T字型窓のエアロバス。トイレつき51人乗りの高速車。2016は復刻カラーに塗られている。

●BKG-MS96JP　　　　　　　（140）
機関6M70、軸距6000mmの大型車。スイングドア・T字型窓・直結冷房仕様のエアロエース。トイレつき49人乗りの高速車。2014は「リラックマバス」である。

小田急バスのあゆみ

text ■ 鈴木文彦　　photo ■ 小田急バス・鈴木文彦・編集部

　小田急バスは、小田急グループの中核をなすバス事業者で、東京都の城西から多摩にかけての地域と川崎市・横浜市北部を主なエリアとする。乗合バス566台、貸切バス10台、特定バス11台を擁し、乗合バス営業キロ823.999km、従業員1,375人と、バス事業者としては大手である。本社は調布市仙川に置かれ、吉祥寺、若林、武蔵境、狛江、登戸、町田の6営業所を持つ。100％出資の分社会社として小田急シティバスがあり、世田谷営業所で乗合18台、貸切8台を営業するほか、小田急バスの19路線の管理受託を行っている。高速バスは小田急バスが吉祥寺と新百合ヶ丘からの羽田空港・成田空港アクセスバス、小田急シティバスが新宿・東京駅発着の夜行高速バス7路線とアクアライン高速バス3路線を運行する。

戦前

■武蔵野乗合自動車としてスタート

　小田急バスの前身は、調布を本拠として1932（昭和7）年に設立された武蔵野乗合自動車で、この会社を戦後、小田急電鉄が傘下に収め、小田急バスと改称した。小田急電鉄のバス部門として発足したわけではなく、しばしば沿線住民からも"謎"とされる「小田急と名がつくのに小田急沿線より京王・中央沿線に多くの路線がある」理由はここにある。

　東京にも急速にバス事業が発達した昭和初期、吉祥寺〜野崎〜調布間に安全自動車が路線を開設した。しかし同社の経営は思わしくなく、1932年に長野県出身の事業家・児玉衛一が同社の経営権を買収し、社名を武蔵野乗合自動車とした。当初路線のほか武蔵境〜三鷹天文台〜調布間を加え、放射状に東西に延びる鉄道を南北につなぐ数少ない交通機関であった。1937（昭和12）年には本社・営業所を吉祥寺駅南口に移転し、吉祥寺〜野崎間、武蔵境〜野崎間を開業したが、まだ沿線人口は少なく、経営的には苦しい状態が続いた。

戦時中に武蔵野乗合自動車で活躍した電気バス　小田急バス発足時に導入されたいすゞBX95型

■戦時体制の中で

　沿線に中島飛行機（後の富士重工業）や日本無線、正田製作所（現・日産自動車）など軍需工場が集積していた武蔵野乗合自動車は、戦時体制に入ると、工員輸送などにより利用者が急増していった。国家的にも重工業の工員輸送の要請が高まり、武蔵野乗合自動車は工員輸送に輸送力を集中するため、それ以外の路線は不要不急として休止していった。また車両も燃料事情から代燃車に切り替えたほか、沿線の中島飛行機の開発による中島式SKS電気バスが導入された。

　1938（昭和13）年の「陸上交通事業調整法」に従い、東京の城西・多摩地区は東京西南ブロックとして、新設の東京急行電鉄を統合主体に統合する方針が示されたが、武蔵野乗合自動車は軍需輸送が大半を占めていたためか、統合の対象とはならず、独立した事業体のまま終戦を迎えることとなった。

戦後

■小田急傘下となり小田急バスへ

　終戦直後の武蔵野乗合自動車のバス路線は、戦災による直接被害はなかったものの、車両は老朽化し、実質全線休止状態であった。ようやく1946（昭和21）年に吉祥寺〜新川間で営業を再開、1947（昭和22）年には増資を行い、まず電気バスを再生、さらに4台の電気バスを中古で購入し、吉祥寺〜野崎〜調布間、武蔵境〜調布間を再開した。まもなく進駐軍払い下げのGMCアンヒビアン改造車6台も加わり、体制が整っていくが、収益は思うようには上がっていかなかった。

　1949（昭和24）年には国際興業から、武蔵野乗合自動車の買収について打診があった。経営再建に苦慮する武蔵野乗合と、戦後開始した事業の拡大を目論む国際興業の間で合意が整い、同年8月に武蔵野乗合自動車は国際興業の傘下となった。借入金や未払金は国際興業が肩代わりし、武蔵野乗合自動車は再出発することとなったが、その後も業績は思わしくなく、収支は悪化の一途をたどった。

　一方、1948（昭和23）年6月に東京急行電鉄から分離・独立した小田急電鉄は、神奈川中央乗合自動車（現・神奈川中央交通）、箱根登山鉄道などの株式を譲受したものの、自社でバス事業を持たなかった。このため、沿線各駅に他社の

赤と白の現行デザインで新製された三菱B23型　　1956年に採用された貸切用のいすゞBA341型

バス路線乗り入れを許す結果となっていた。そんな中、バス事業直営を計画したが、復興が優先されていた時期ゆえ新規事業の許可は難しく、既存事業者の買収によって営業基盤を確保するほうが有利との判断がなされた。

　そこで着目されたのが、武蔵野乗合自動車であった。国際興業も自社の復興と拡充が急務とあって、経営の厳しい子会社にテコ入れできない状況にあった。このため小田急電鉄は国際興業と交渉し、1950（昭和25）年8月に国際興業が武蔵野乗合自動車の保有株を小田急電鉄に譲渡、ここに小田急直系のバス事業者が誕生した。同年9月1日に商号を小田急バスと変更、本社は渋谷区に置かれた。シンボルマークとなる犬のレリーフは、このとき制定されている。

■路線網の拡大と郊外路線への進出

　当初の小田急バスは、車両数38台、従業員132人の規模で、野崎に三鷹営業所を置き、発足直前に東京都・京王帝都電鉄との相互乗り入れで開業した武蔵境〜東京駅間を含め、11系統104kmを営業していた。発足後まもなく、調布〜柿生間、新川〜経堂間、新宿〜三軒茶屋間などを開業して川崎市と世田谷区に進出、若林営業所が新設された。1951（昭和26）年には貸切バスを車両数3台で営業開始、順次増車して1954（昭和29）年には25台に拡大した。

　1950年代は躍進の時期で、すでに周囲を京王・東急の路線網に囲まれた形ではあったが、東急との交渉によって1951年に成城学園前〜渋谷間を開業して渋谷に進出、新たに国領〜成城間の免許を取得して調布〜渋谷間を直結した。1950年代前半には登戸〜専大間の新設、成城学園前〜千歳烏山間の東急からの譲受などがあり、1953（昭和28）年には経営が黒字体質に変わった。車両面でも1949年以降はディーゼルバスを導入、1950年代には大型リヤエンジンバスを導入し、1953年にはボディカラーを現行の赤と白に改め、イメージアップを図っている。

　1950年代後半になると、世田谷区や武蔵野・三鷹・調布市は宅地化や学校・工場立地が急速に進み、バス需要も急増した。これに応えて渋谷〜梅ヶ丘・経堂間、武蔵境〜武蔵小金井間などが新設されたほか、調布〜柿生間は鶴川・原町田へと延長された。さらに近郊観光地への長距離バスがブームとなる中で、吉祥寺〜江ノ島間、吉祥寺〜大秦野間なども開業している。

　1960年代初めにかけては団地建設が進み、1958（昭和33）年の吉祥寺〜牟礼公

柿生駅に発着していたボンネットバスBX752型　　狛江管内の狭隘路線用のワンマンバスBA05型

団間を皮切りに、三鷹〜新川団地間、武蔵境〜桜堤公団間、百合ヶ丘〜百合ヶ丘公団間などの団地路線や、吉祥寺〜明星学園間などの学校路線が新設された。こうした拡充の中で、1953年に三鷹営業所を吉祥寺に移転、1959（昭和34）年に武蔵境営業所、1960（昭和35）年に狛江営業所が新設された。車両数は1958年に100台を突破、1961（昭和36）年には貸切バスに初の冷房車が導入されている。次第にメーカーが集約され、いすゞと三菱が主流となったのもこの時期である。

■運行環境の変化とベッドタウン輸送への対応

　1960年代から1970年代にかけては多摩地域と川崎市でベッドタウン輸送の拡充が目覚ましかった。鶴川団地、千代ヶ丘、多摩川住宅などへの団地路線が延び、よみうりランド、こどもの国などのレジャー施設開園に伴う乗り入れも行われた。一方、都区内では交通渋滞の激化や踏切横断の長時間化で定時運行が難しくなったため、鉄道を挟んだ路線の分断や長距離路線の短縮が進められた。こうした中で、貸切バスの拡充に伴って1962（昭和37）年に堀ノ内営業所が、1967（昭和42）年には初の神奈川県内の営業所として生田営業所が新設されている。

　これらの輸送力増強にあたって車掌不足が顕在化してきたため、小田急バスでは1961年に桜堤公団線などをワンマン化したのを皮切りに、順次、ワンマン化を進めていった。狛江管内の狭隘路線のナロータイプボンネットバスをナロータイプのワンマンバスに切り替え、多区間運賃の柿生〜原町田間を申告制でワンマン化したのを最後に、1977（昭和52）年までにワンマン化を完了している。

　1970年代から1980年代にかけてはもっぱら川崎市・横浜市と町田市・稲城市にかかる地域のベッドタウン化・学園都市化や、小田急多摩線、京王相模原線、東急田園都市線の延伸開業に伴う路線拡充が主体となった。1980年代には新たな拠点となった新百合ヶ丘駅から平尾団地、西長沢、駒澤大学、あざみ野などへの路線が新設され、向陽台、長峰、若葉台など稲城市内の団地がカバーされたほか、聖マリアンナ医大にも各方面からの路線が集まった。これらの増強に向け、1983（昭和58）年には町田営業所が新設され、丘陵地のため高出力車が配置された。こうした動きの中で1985（昭和60）年には鶴川団地、奈良北団地で深夜バスを開始し、その後増強、1987（昭和62）年には首都圏の事業者では初めて冷房化率100％を達成している。

他社より先行して進められた路線バスの冷房化

1988年に開業した夜行高速バス〈フローラ〉

■高速バスの発展と新たなサービス展開

1980年代後半の小田急バス最大のトピックは、高速バスへの着手であった。1988(昭和63)年に秋田中央交通との共同運行で開業した新宿〜秋田間夜行高速バス〈フローラ〉は、全国的な高速バス展開の先駆けのひとつとなり、好調なスタートを切った。その後、1992(平成4)年までに東京駅〜広島間〈ニューブリーズ〉、新宿〜三原間〈エトワールセト〉、新宿〜岐阜間〈パピヨン〉、新宿〜倉敷間〈ルミナス〉、吉祥寺・新宿〜高知間〈ブルーメッツ〉を開業した。これらはすべてオレンジ・ブルー・グリーンの3パターンの縦模様が並ぶデザインをまとった3列シートのスーパーハイデッカーで運行された。

1989(平成元)年には新宿駅〜町田間に深夜急行バスを運行した。まもなく相模大野へと延長、その後、生田経由町田に変更するなどのテコ入れを行ったが、利用に陰りが見えたため、1995(平成7)年に廃止となっている。

貸切バスは1970〜1980年代にデラックス化が進み、1996(平成8)年には小田急グループの統一デザインが採用された。順次、塗り替えが進んだが、シンボルの犬のレリーフは継承されている。

近年

■時代に対応した再編成

1990年代に入ると、貸切バスは競合の激化と運賃競争により、厳しい経営状況に転じた。このため規制緩和を見据えた効率化の下、1998(平成10)年に堀ノ内営業所が廃止となり、貸切バスを吉祥寺、武蔵境、狛江、生田に移管、高速バスは若林営業所が受け持つことになった。

都区内の一般路線は厳しい状況が続いており、効率化して実態に合った経営体制とするため、2000(平成12)年に小田急バス100%出資の分社会社として、小田急シティバスが設立された。まず同年に夜行高速バス〈ルミナス〉を移管して乗合事業を開始、これをベースに2001(平成13)年に三軒茶屋線、梅ヶ丘線、経堂線を小田急シティバスに管理委託した。これに伴い、若林営業所は小田急シティバス世田谷営業所に改組した。そして2002(平成14)年には夜行高速バス全路線

成城学園〜烏山地区に導入された小型CNGバス　2000年に開業した新百合ヶ丘〜羽田空港線

が小田急シティバスの運行となった。また同年、貸切バスもさらに減車した上で小田急シティバスに移管され、神奈川県内の貸切営業を継続するため、2006（平成18）年に小田急シティバス若葉台営業所（川崎市）が開設された。

■地域とタイアップした新たな展開

近年の特徴として、沿線自治体とのタイアップ事業があげられる。1998年に三鷹市コミュニティバス（三鷹駅〜北野）を運行したのを皮切りに、「みたかシティバス」として拡充したほか、2000年には三鷹の森ジブリ美術館循環ルートを開始し、2001年には専用車両を投入している。三鷹市に続いて世田谷区でも、1999（平成11）年に実験運行をした後、2001年から成城学園〜烏山地区のコミュニティバスを正式運行、初めて小型CNGノンステップバスを投入した。2003（平成15）年には希望ヶ丘路線を追加している。また2000年には武蔵野市「ムーバス」の境南循環線を受託し、その後、2004年に境西循環線、2005（平成17）年に境・小金井線、2007（平成19）年には境・三鷹線の運行も担当することとなった。

2001年には稲城市コミュニティバスの実験運行を実施し、翌2002年から「ⅰバス」として本格運行を開始した。その後、路線数や経路は見直されつつも、全体を小田急バスが運行している。2003年からは調布市「ミニバス」緑ヶ丘循環を開始、2005年には町田市と地元住民の協議会が主体的にかかわる玉川学園地区コミュニティバス「玉ちゃんバス」を運行開始した。また2008（平成20）年には狛江市「こまバス」の運行を開始している。なお、世田谷区の希望ヶ丘線については、後に小田急シティバスへの管理委託を経て小田急シティバスの一般路線に変更されている。

また小田急バス本体の貸切バスは学校の送迎を主体とした契約輸送を中心に営業され、一時期増やした特定事業も貸切バスに転換している。

■高速バス事業の進展

2000年には小田急バスが新百合ヶ丘〜羽田空港間に初の空港リムジンバスを運行開始した。追って2001年には吉祥寺〜成田空港間、吉祥寺〜羽田空港間、新百合ヶ丘〜成田空港間を新設、2003年に新百合ヶ丘〜成田空港間はたまプラーザ経由となり、利用層を拡大した。その後、空港線は好調に推移している。

専用車両で運行される三鷹の森ジブリ美術館線

5営業所で1台ずつ活躍する「きゅんたバス」

　小田急シティバスの運行となった夜行高速バスは、広島線の経路変更・一時期の2ルート化・呉延伸、岐阜線の美濃・関追加といった変化や、2007年の新宿〜四万十・宿毛間〈しまんとエクスプレス〉（季節運行）の新設などを経て、全国的に改廃の動きが盛んな夜行高速バスの中で、当初のルートが好調を続けているのが特徴と言える。2008年には小田急シティバスによるアクアライン経由の新宿〜袖ケ浦バスターミナル・木更津間高速バス〈アクアライナー〉が開業した。これも好調だったため、2010（平成22）年には新宿〜五井間を新設し、2013（平成25）年には三井アウトレット木更津系統を追加している。

■新たな時代の要請に応えて
　小田急バスでは1999年以来、一般路線車両はノンステップバスを導入、2010年に中型ワンステップバスが代替されたのをもって、コミュニティバスなどの特殊用途を除き全車ノンステップバスとなった。2001年から一部のコミュニティバスにCNGノンステップバスを導入、一般路線には2010年からハイブリッドノンステップバスを導入している。

　一般路線も道路新設や大規模施設のオープンに合わせて路線を新設、2001年にはバスロケーションシステム、2002年にはWeb検索システムを導入、2011（平成23）年までにバスの運行状況をインターネット上で確認できる「小田急路線バスナビ」を導入し、好評を得ている。2007年には交通ICカードシステム「PASMO」の運用を開始、2008年までに全車両での利用が可能となり、「1日フリーパス」、「全線フリー定期券」などもICカードでの対応となった。

　2013年には川崎市域での増強を図るため、登戸営業所が新設され、生田営業所を移管した。一方で貸切バス事業の縮小により、小田急シティバス若葉台営業所は2011年に廃止となっている。2012（平成24）年には小田急バスのキャラクター「きゅんた」が登場した。これはシンボルである犬をモチーフにしたもので、バスのフロント上部にもステッカーが貼られ、沿線では"かわいい"と評判である。デザインコンセプトは「バスに乗る人とやさしくふれあう」こと。そのコンセプトどおりのバス事業者として、東京西郊の足としての発展を期待したい。

参考＝『小田急バス60年史』、小田急バス提供資料

立川バスのあゆみ

text ■ 鈴木文彦　　photo ■ 立川バス・鈴木文彦・編集部

　立川バスは立川市に本社を置き、その名のとおり、立川市を中心とした東京都北多摩地区の路線バスを運行する小田急グループのバス事業者である。上水、拝島、瑞穂、曙の4営業所を持ち、車両数は乗合217台、貸切9台、乗合バス営業キロ280.114km、従業員は468人である。100％出資の分社会社としてシティバス立川を擁し、同社が乗合バス17台、貸切バス5台、従業員146人で高速バスと路線バス2路線を運行、拝島営業所の管理を受託している。高速バスは立川地区を拠点に成田空港と羽田空港へのリムジンバス、飯田への都市間高速バスを運行する。

戦前

■立川を拠点とした立川自動車運輸

　立川バスの前身は、立川村に産声を上げた立川自動車運輸である。甲州財閥の雨宮誠は、大正末期に陸軍飛行場が立地した立川の将来性に目をつけ、鉄道の通らない周辺地区と立川を乗合自動車で結ぶことを目論んだ。1929（昭和4）年に立川自動車運輸を設立し、1930（昭和5）年に立川～村山～箱根ヶ崎間約12km、立川～宮沢～拝島大師間約8kmで許可を得た。もっとも、すぐには車両の手当てがつかず、実際に運行を開始したのは少し後の時期になったと伝えられる。

　この時期、立川は中央本線を軸に青梅電気鉄道と南武鉄道が入り、五日市鉄道も開通して、交通拠点としての地位が高まっていた。箱根ヶ崎と拝島大師も、各方面からのバス路線が集まる結節点であった。このため立川自動車運輸のバス路線は北多摩地域の拠点間を結ぶものであった。とはいえ、経営状態は必ずしも良くなく、1936（昭和11）年には湘南自動車の経営となり、社長も交代している。

■五日市鉄道から南武鉄道傘下へ

　1937（昭和12）年、立川自動車運輸は五日市鉄道の傘下に入る。立川～拝島大

立川バス発足時に活躍したトヨタ製ガソリン車　小田急バスカラー化前に採用された日野BH型

師間が五日市鉄道の線路と並行しており、鉄道擁護のため湘南自動車から株式を買収したもので、新たな投資が行われたわけではなく、経営権が移動したのみだったようである。まもなく五日市鉄道の培養を目的として、拝島〜平井〜五日市間、五日市〜檜原本宿間、十里木〜養沢間などの申請が行われるが、いずれも五王自動車（西東京バスの前身のひとつ）の免許区間であり、1933（昭和8）年の自動車交通事業法にもとづく1路線1営業主義の考え方により却下されている。

1938（昭和13）年からはガソリン消費規制の影響により、車両の代燃化が進められた。また可動車両不足と乗務員不足のため、鉄道に並行する立川〜拝島間を休止、辛うじて立川〜箱根ヶ崎間を確保する状態となった。

1940（昭和15）年に五日市鉄道は南武鉄道の傘下に入った。これにより、立川自動車運輸も南武鉄道の子会社となった。とはいえ、南武鉄道も破綻寸前のバス会社に資本を投入する余力はなく、戦時下の窮乏状態の中にあって、経営再建は進まなかった。1944（昭和19）年に南武鉄道・五日市鉄道は国に買収され、国鉄南武線・五日市線となった。南武鉄道の会社自体は子会社の管理と関連事業の運営のため存続し、立川自動車運輸もその管理下で営業を続けたほか、南武鉄道が直営で行っていた溝ノ口地区のバス事業の管理を立川自動車運輸が引き継いでいる。しかし経営が逼迫した立川自動車運輸は、村山線のみ1日2往復に縮小して営業を続けるのがやっとで、1945（昭和20）年にはそれすら厳しくなり、保有車両12台のうち可動車両は2台という状況で、事実上休止状態となった。

戦後

■立川バスの成立と戦後の再編成

1946（昭和21）年に役員が一新され、1947（昭和22）年3月に立川自動車運輸は立川バスと改称されて再出発した。この年がいわば復興元年となり、立川〜箱根ヶ崎間を1日6往復で再開するとともに、国有化に伴って五日市鉄道の立川〜拝島間が撤去されたことから、立川〜拝島大師間の復旧も急務として取り組まれた。また、新車3台を購入して立川〜西砂川間を開設した。さらに同年には南武鉄道同様、国鉄に買収された青梅電気鉄道からバス事業を引き継いだ奥多摩振興

狭隘路線で使用された短尺のいすゞBX341型

国立循環線の運用に就いていた日野BH14型

（西東京バスの前身のひとつ）が、経営難から手放すことになった拝島〜国分寺間、拝島〜福生間など4路線を譲受し、急速に規模を拡大した。

　戦後、北多摩の拠点として発展し、米軍の駐留基地が残されて"基地の街"としても繁栄した立川には、各方面からバス路線の乗り入れが活発化していた。立川バスも自社の防衛の見地から、積極的な路線拡張を進めることとなり、1950（昭和25）年までに村山貯水池へ路線を延長したほか、五王自動車との協定で立川〜五日市間を新設した。そして同年には本社を立川市高松町に移転するとともに、ディーゼルバスの導入を開始、1951（昭和26）年には米軍基地や新設された立川競輪場に路線を乗り入れた。

　1951年4月には貸切バスの免許を取得、2台で営業を開始した。貸切バスの愛称を公募した結果、人気漫画にちなんで「サザエさん観光」となり、ボディにもキャラクターが描かれた。これは後に著作権の問題が起き、1970（昭和45）年に中止されている。南武鉄道の国有化で立川バスの管理下に置かれていた旧・南武鉄道のバス事業は、しばらく立川バス溝ノ口営業所として営業され、これをベースに立川バスでは溝ノ口から立川、調布方面などの免許申請を行った。しかしそれらが許可にならなかったこともあり、1952（昭和27）年には川崎市北部の路線整備を進めたい川崎市交通局に同営業所の4路線と営業の一切を譲渡した。

　さらに、1952年には村山貯水池から北野への延長をはじめ、立川〜天王橋〜箱根ヶ崎間、立川〜羽衣町〜国立間、国立〜谷保間などが開業し、エリアを拡大した。営業所は高松町の本社に置いていたが、手狭となったため、1954（昭和29）年に砂川営業所を新設した。

■小田急グループとしての発展へ

　小田急電鉄は傘下企業の拡大を進める中で、1954年10月に立川バスの株式を買収、立川バスは小田急グループとして再出発することとなった。小田急電鉄とともに小田急バスも資本参加した関係で、資金面とノウハウ面で大きく前進、立川バスは安定した経営基盤を確立することができた。これを機に、バスのボディカラーは小田急バスと同じ赤と白が採用され、犬のレリーフも取り付けられた。

　1950年代後半から1960年代にかけては路線網が大きく飛躍し、国立循環、国分寺〜花小金井・昭和病院間、立川〜玉川上水〜南街間、国立〜立川駅南口〜東中

1960年代に導入されたワンマンバスBU05型

「TBK」の呼称がついた1970年代の貸切バス

神間、国立駅北口～弁天～立川間などが新設されたほか、京王帝都電鉄、五王自動車などとの相互乗り入れで国分寺駅南口や羽村(はむら)へと路線を延ばしている。

また、長距離路線ブームの中、1956（昭和31）年には奥多摩振興との相互乗り入れで立川～奥多摩湖間の急行バスを運行開始、五王自動車との相互乗り入れで立川～檜原本宿間を開業した。1964（昭和39）年には京王帝都電鉄と立川～八王子～江ノ島間を開業している。

■ベッドタウン化と路線網の拡大

1960年代には北多摩地域にベッドタウン化の波が押し寄せ、立川バスでは1963（昭和38）年の大山団地線を皮切りに、団地路線を拡充することとなった。1965（昭和40）年には国分寺～小平団地間、国立～富士見台団地～矢川間、1966（昭和41）年には立川～村山団地間、国立駅北口～けやき台団地間、1967（昭和42）年には立川駅南口～富士見町団地間、1968（昭和43）年には立川～三ツ藤住宅間、1970年には立川～芝中団地間が開業、団地輸送は立川バスの主力事業に育っていった。

輸送力増強の中で車掌不足が顕在化したため、1960（昭和35）年の立川基地線を最初にワンマン化が開始され、1970年代までに鋭意進められるが、新車の購入や改造が経営を圧迫する一面もあった。狭隘道路ながら利用が多く小型化や減便のできない国立駅北口～けやき台団地間などでは、行き違いスペースを設けて誘導員を置き、ラッシュ時は行き違いダイヤを設定してワンマン化を行っている。

路線の拡充に伴い、1963年に拝島営業所が新設され、1966年には上水営業所が置かれて砂川営業所から乗合バスを移管した。また、国立操車場が暫定的に置かれた後、1970年に国立営業所となった。一方、自動車の増加による交通事情の悪化に伴い、長距離路線の廃止と相互乗り入れ路線の分割（京王とは国立で、西東京バスとは羽村で）が行われ、立川では西武バスともエリア調整が行われた。

■西方への展開と再編成

1970年代以降のベッドタウン化は、立川市北部から青梅線沿線へと進んだ。立川バスはその都度、若葉町団地、羽村団地、加美平(かみだいら)団地、拝島団地へとバスを乗り入れ、1980年代に入ると、福生団地、グリーンタウン武蔵村山、熊川団地など

1980年代に前後扉の仕様で新製されたU31L型

1991年に開業した玉川上水・立川〜成田空港線

への路線を開設した。また福生市、羽村市、武蔵村山市などへの工業団地造成や大学・高校の移転などにも、随時対応して路線を拡充している。

貸切バスは車両のグレードアップを図った1970年代に「サザエさん観光」から「TBK」の呼称に変更、1980年代には年末年始や旧盆期間に立川からの帰郷バスなども運行した。デザインも若干アレンジしたものへと変更され、乗合ともども犬のレリーフは中止された。

1970年代後半に立川市街地の一部でバスレーンが設置され、バスの定時運行に貢献した。また1981（昭和56）年には乗降方式が、それまでの前乗り前払いから多区間に応じた後乗り後払いに変更された。これに先駆けて立川バスでは、東京では例の少ない前後（引）扉の車両を採用したほか、在来車の方向幕移設改造なども盛んに行われた。

鉄道のない武蔵村山市では、市内交通を改善するため、市で小型バスを購入して立川バスに運行を委託する市内循環バスを1981年に開始した。近年のコミュニティバスのはしりといえ、当時としては画期的であった。

武蔵村山・瑞穂・羽村方面の拡充に対応して拝島営業所瑞穂操車場が置かれ、1989（平成元）年には瑞穂営業所に昇格した。

■高速バスの開設と深夜への拡充

1980年代から1990年代にかけて、立川は駅ビルの完成や基地返還による昭和記念公園の開園などもあり、経済的・文化的地位が高まっていた。こうした立川の拠点性を生かすべく、立川バスでは立川に発着する高速バスの展開を開始した。まず1991（平成3）年2月に玉川上水・立川〜成田空港間を東京空港交通・成田空港交通との共同運行で開業、同年4月には玉川上水・立川〜神戸・舞子間夜行高速バス〈シャルム〉を山陽電気鉄道（現・山陽バス）との共同運行で開始した。そして2000（平成12）年には拝島・立川〜羽田空港間を京浜急行電鉄との共同運行で開設し、着実に利用を伸ばした。

深夜バスも1987（昭和62）年の国立駅北口〜けやき台団地間などを最初に拡大していったほか、1989年には新宿〜国立・立川間に深夜急行バスも運行した。当初は利用が多かったが、次第に採算性が悪化し、起点を渋谷、終点を若葉町団地へと延長するなどのテコ入れは行ったが、1998（平成10）年に廃止となった。

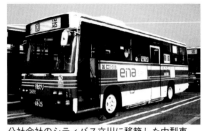 

分社会社のシティバス立川に移籍した中型車　2001年に昭島市から運行を受託した「Aバス」

近年

■モノレールへの対応と新時代に合わせた事業形態へ

　1998年には多摩都市モノレールが立川北～上北台間で開業した。立川バスにとっては村山団地線などのドル箱路線と競合するため、経営を揺るがしかねない一大事であったが、路線の一部を縮小する一方で新路線を開発するなど再編を進めるとともに、従業員の協力による雇用形態の変更などで乗り切った。2001（平成13）年には立川駅北口・南口ともに新しいターミナルが完成、モノレールは新たな商業施設の立地を促して立川の集客力を高め、立川基地跡の一部にも都市開発が進んだ。これに対応して立川周辺の路線を再編するとともに、国立営業所を操車場化して上水に統合、路線は一部を拝島にも振り分けた。

　さらに、より効率化して実態に合った経営体制とするため、2000年に100％出資の分社会社として、シティバス立川が設立された。拝島管内の2路線を移管して営業を開始し、その後は本体の拝島営業所の管理を委託したほか、2008（平成20）年に高速バスを移管した。貸切バスも規制緩和を見据えた効率化の下、最少台数に減車した上でシティバス立川に移管している。なお、この時期には米軍横田基地の輸送を特定事業で受託しており、基地内に横田営業所を置いたが、その後、この特定事業を他社が落札したため撤収している。

　高速バスは次第にコスト構造的に厳しくなったため、2009（平成21）年に夜行高速バス〈シャルム〉は車両更新をせず撤退したが、比較的効率の良い羽田空港線は増便や昭島駅への乗り入れなど増強し、2017（平成29）年には立川・国立・谷保～羽田空港系統を追加した。また、2013（平成25）年11月には初の昼行都市間高速バスとして、シティバス立川による立川～飯田間を新設した。

■地域とタイアップした新たな展開

　立川バスも近年の特徴として、沿線自治体とのタイアップ事業があげられる。2001年に昭島市コミュニティバス「Aバス」を運行したのを皮切りに、2002（平成14）年に立川市「くるりんバス」、2003（平成15）年に国立市「くにっこ」、2008年に国分寺市「ぶんバス」西町ルートとコミュニティバスを拡充、はしりだ

新たなカラーが採用されたノンステップバス　リムジンバスにも登場した「リラックマバス」

った武蔵村山市も数回の路線改変を経て「MMシャトル」として継続している。

2006（平成18）年には立川駅の北約3kmに応現院が立地、全国から多くの参拝客が訪れることとなったため、立川駅北口西側に専用の乗り場を設置し、長尺ワンステップバスを投入して大規模シャトル輸送を開始した。バスでは珍しい自動改札機による車外改札方式を導入、この輸送に合わせて曙営業所を新設した。

2008年には交通ICカードシステム「PASMO」の運用を開始、「1日乗車券（1Day立パス）」、「全線フリー定期券」などもICカード対応となった。

■新たな時代の要請に応えて

立川バスでは1998年にノンステップバスを導入し、以後、一部ワンステップバスと並行しつつノンステップバスを中心に増備している。なお、行政の要請にもとづき、国分寺市と昭島市のコミュニティバスにCNG車両を配置している。

2007（平成19）年には人気キャラクター「リラックマ」の著作権を有するサンエックスとタイアップし、全面ラッピングと車内のシート生地のキャラクターデザインを含む「リラックマバス」を登場させ、大好評を博した。「リラックマバス」は一般路線4種類、高速バス1種類へと拡大し、車両代替を経て継続している。これに合わせてキャラクターグッズを含むグッズ販売を強化し、イベント等も積極的に行っている。「リラックマバス」に続き、2013年には「聖☆おにいさんバス」、2015（平成17）年には「すみっコぐらしバス」などに拡大している。

2006年に日産村山工場の跡地に整備されたショッピングモールは、変転を経て2011（平成23）年に「イオンモールむさし村山」としてグランドオープン、立川バスは立川、玉川上水、昭島などからアクセス路線を乗り入れ、現在は武蔵村山地域のひとつの拠点となっている。このため今後、イオンモールの結節性が強化される見込みである。2015年には立川駅南口〜富士見町団地間の路線を利用実態に合わせ、共通定期券を設定している西武バス立川駅南口〜新道福島間とともに前乗り前払い方式に変更した。多摩地域の核として成長が続く立川を拠点に、地域の重要な足を担う立川バスグループに寄せられる期待はこれからも大きい。

参考＝『立川バス四十年史』、『多摩・鉄道とまちづくりのあゆみ』、立川バス提供資料

すずき・ふみひこ◎1956年、甲府市生まれ。交通ジャーナリスト。バスに関する著書・論文など多数

小田急バス・立川バスの路線エリア

【本社・営業所所在地】
小田急バス本社	調布市仙川町2－19－5
吉祥寺営業所	武蔵野市吉祥寺南町3－1－6
若林営業所	世田谷区若林2－37－3
武蔵境営業所	武蔵野市境南町5－1－18
狛江営業所	狛江市中和泉5－17－23
登戸営業所	川崎市多摩区登戸3816
町田営業所	町田市野津田町284－1
小田急シティバス本社	世田谷区若林2－37－3
世田谷営業所	世田谷区若林2－37－3
立川バス本社	立川市高松町2－27－27
上水営業所	立川市幸町5－87－2
拝島営業所	昭島市拝島町3－15－4
瑞穂営業所	西多摩郡瑞穂町箱根ヶ崎字池廻り640－1
曙営業所	立川市曙町1－24－11
シティバス立川本社	立川市高松町2－27－27
拝島営業所	昭島市拝島町3－15－4

（2018年1月31日現在）

【凡　例】
- ■　本社・営業所
  - ⓞ小田急バス　㊅小田急シティバス
  - ⓣ立川バス　㊆シティバス立川
- ○　起終点・駅
- ───　小田急バス・小田急シティバス・立川バス・シティバス立川　バス路線
（高速バス・コミュニティバスを除く）
- ┼┼┼┼┼┼　小田急電鉄線
- -------　その他の私鉄線
- ───　ＪＲ線

【高速バス・空港連絡バス路線】
大崎駅ＢＴ・ハイアットリージェンシー東京～長崎屋ＢＴ〈フローラ号〉㊅
ハイアットリージェンシー東京～名鉄岐阜〈パピヨン号〉㊅
ハイアットリージェンシー東京～下津井電鉄児島営業所〈ルミナス号〉㊅
ハイアットリージェンシー東京～三原駅前〈エトワールセト号〉㊅
東京駅八重洲南口～広島ＢＣ〈ニューブリーズ号〉㊅
ハイアットリージェンシー東京～とさでん交通桟橋高知営業所〈ブルーメッツ号〉㊅
ハイアットリージェンシー東京～宿毛駅〈しまんとエクスプレス号〉㊅
新宿駅西口・新宿駅南口～木更津駅西口 ㊅
ハイアットリージェンシー東京・新宿駅西口～三井アウトレットパーク ㊅
新宿駅南口～五井駅東口・市原市役所 ㊅
昭島駅南口・立川駅北口～飯田駅前 ㊆
吉祥寺駅～羽田空港 ⓞ
新百合ヶ丘駅～羽田空港 ⓞ
吉祥寺駅～成田空港 ⓞ
新百合ヶ丘駅・たまプラーザ駅～成田空港 ⓞ
拝島営業所・パレスホテル立川～羽田空港 ㊆
拝島営業所・上水営業所・立川駅北口～成田空港 ㊆

終点の構図

向原
MUKAIHARA

　新百合ヶ丘駅を後にしたバスは、新興住宅地を十数分走り、終点の向原に到着した。向原の宅地開発が行われたのはちょうど30年前。この路線も1988（昭和63）年に開業したものだ。宅地化以前の向原は、"川崎のチベット"と呼ばれるほどの寒村だったという。
　向原町会創立30周年記念誌『向原－私達のふるさと』の中には、ここで生まれ育ったお年寄りたちが語る、宅地化前の向原の様子が掲載されている。
「農地改良されるまでは、腰まで潜る深田で泳ぐように作業していました」
「夏は蛍がたくさん出たけど、夜には蝮（まむし）の目が光って蛍と間違えやすく、危ないから見にいくなと言われました」
「どこの家にも鶏がいて、お客さんが来ると絞めてご馳走をつくりました」
　1960年代には周囲の開発が始まり、読売ゴルフ場や百合ヶ丘団地が出現。向原にも変化の兆しが見え始める。
「西生田（にしいくた）小学校に通い始めた団地の子は、地元の子に比べて男子はカッコ良く、女子は美人に感じたものでした」
　瀟洒（しょうしゃ）な戸建て住宅が並ぶ現在の向原に、そんなのどかな時代の余韻は感じられない。バス停の背後、都県境の尾根の雑木だけが、激変していく町の様子をじっと見つめてきたに違いない。
〔2018年3月20日取材〕

text&photo ■ 加藤佳一

小田急バス・立川バスで楽しむ

武蔵野の冬景色

▲正月の「だるま市」が冬の風物詩となっている拝島大師の門前・境内も、普段はひっそり
◀(上)「世田谷ボロ市」で賑わう代官屋敷周辺
(下)武蔵野の雑木に囲まれた「国立天文台」

text ■ 谷口礼子　photo ■ 編集部

「武蔵野」という言葉に抱くどことない憧れは、古くから書き記されたさまざまな文学作品にも感じることができる。自然でありながらも、人の手が加えられた、懐かしいふるさとの景色。現代の「武蔵野」を小田急バスと立川バスで巡ると、生活と自然が隣り合わせに共存している風景は今も変わらない。年の瀬迫る武蔵野で、新旧取り交ぜた"武蔵野の冬景色"を探した。

たにぐち・れいこ◎1983年、横浜市生まれ。早稲田大学文学部卒業。劇団シアターキューブリックに所属し、舞台を中心に活躍する。

世田谷ボロ市

渋24	渋谷駅 8：35 上町 8：57

乗車路線・区間・時刻・車両

【1日目】
渋谷駅 8：35
　⇩渋24／04-D9085（狛江）
上町 8：57
上町 10：57
　⇩渋24／11-D6057（狛江）
成城学園前駅西口 11：23
成城学園前駅西口 11：31
　⇩成05／12-D3002（狛江）
仙川駅入口 11：44
仙川駅入口 14：08
　⇩成04／16-D3013（狛江）
調布駅南口 14：38
調布駅北口 14：45
　⇩境91／06-D6050（狛江）
天文台前 14：59
天文台前 16：50
　⇩境91／05-D6041（狛江）
武蔵境駅南口 17：11

伝統の「世田谷ボロ市」は冬の風物詩

　吐く息が曇り空に白く浮かんで消える、師走の朝である。渋谷駅前はまるでバスのモーターショーのようだった。小田急・東急・京王・富士急行……各社のバスが次々に到着し、駅へと向かう通勤客を吐き出している。工事中のロータリーの真ん中で降ろされた乗客が、パラパラと走って道路を渡り、駅に向かっていく。渋谷駅は100年に1度と言われる大改造の真っただ中。目を上げると、ロータリーに面した昭和感あふれる「東急百貨店渋谷駅・東横店」の向こうに、建設中の新しい高層ビルが姿を現し始めていた。

　編集長・加藤さんと合流し、かじかむ手を温めながらバスを待つ。ラッシュのためか、最初のバスは少し遅れてやってきた。お客を降ろし終え、折り返し「成城学園前駅西口」の表示を出した車内に、また十数人の乗客が乗り込んだ。私は運転士さんに「1日フリーパスをお願いします」と声をかけ、小田急バス全線で使える510円の「1日フリーパス」をICカードに記録してもらう。8時46分に発車。すり鉢状に窪んだ谷である渋谷駅前から、バスは道玄坂を上っていく。両脇の銀杏並木は、乾いた黄色の葉をまだたくさん枝につけたままである。駅で降りたスーツ姿の通勤客と対照的に、街へ向かうバスの利用客は普段着姿が多かった。

　12月15日と16日は、「世田谷ボロ市」の開催日。まだ朝早いというのに、上町付近では車窓からはごった返す人波

▼渋谷駅東口ロータリーの3番乗り場から、東急バスとの相互乗り入れで運行されている〈渋24〉成城学園前駅西口行きで出発

▲「世田谷ボロ市」は毎年12月15・16日と1月15・16日に開催され、今回は5年に1度だけの「代官行列」も見ることができた

▼ボロ市の喧騒の中を散策し、古書店では筆者自身の作品が掲載された雑誌を見つけ、酒店では熱々の甘酒を購入して温まった

が見え、早くも心が高揚してきた。隣の席の女性はウォーキング姿で、毎年、仲間と砧に集合してから、ボロ市目指して歩いているという。午後には着くのだと言いながらも、今ここで降りてしまいたいといった雰囲気で、目を凝らしてボロ市の様子を見つめている。私は「お先に行ってきます」と女性に挨拶して、上町でバスを降りた。世田谷線の踏切のほうからも、続々と人がやってくる。細い路地にももうたくさんの店が出ていて、路地を抜ければボロ市通りであった。

ボロ市の歴史は古く、440年前にさかのぼる。当時、関東地方を治めていた小田原城主・北条氏政が、1578（天正6）年に開いた楽市が始まりで、世田谷は江戸と小田原を結ぶ相州街道の重要な地点として栄えたという。その後、江戸時代になると楽市はなくなったが、農村地帯となった世田谷で、農具や、わらじに編み込むためのボロ、そして正月用品を売る歳の市として、毎年12月15日に開かれ続けてきた。

なるほど、道の両脇に連なる出店には、正月飾りや神棚が見え、古着が見え、台所用品が見える。伝統の品のほかには、骨董品、おもちゃ、食べ物の露店から、地域の物産品、野菜の苗木に、革製品、風呂の給湯器までなんでもあり。人間のほうも、食べる人、買う人、見る人、試着する人、呑む人、値切る人となんでもありである。このごった煮のような喧騒の中を、あっちに惹かれこっちに惹かれしながら、ジグザグに歩いていくのも趣深い。寒くてたまらないので、思わず酒屋の店先で売っている甘酒に飛びついた。甘酒の隣には「カップ酒・燗酒あります」との貼り紙。加藤さんと顔を見合わせ

たが、この先の仕事もあるのでさすがにやめにした。人込みの中から片手にフランクフルトを持ったおじさんがやってきて、燗酒を注文している。蓋を開けたカップ酒を熱そうに受け取り、唇を突き出してひと口すする。「はあーっ！」という至福の表情と目が合った私は、甘酒の紙コップを手に、相当物欲し気な顔をしていたに違いない。

実篤公園

渋24	上町10：57 成城学園前駅西口11：23
成05	成城学園前駅西口11：31 仙川駅入口11：44

実篤の愛した武蔵野の庭を散策する

　12月はほかのどの月よりも街が特別な雰囲気を湛えている。ボロ市の喧騒も、上町から乗ったバスの車窓に見えるクリスマス飾りも、何か浮き足立つような師走の心持ちを加速させていた。成城学園前駅に近づくと、広い敷地に大きな門やガレージ、芝生の庭の豪邸が目立つようになった。成城学園前駅で乗り換えた狛江駅北口行きの中型バスには、ボロ市帰りの乗客が引き続き乗り込み、会話が弾んでいる。仙川駅に近づくと道はかなり細くなる。ここは運転士さんの腕の見せどころ。何度もバス同士が華麗にすれ違った。

　仙川駅入口で下車。桐朋学園の脇を抜け、住宅街を少し歩くと、「実篤公園」があった。文豪・武者小路実篤が1955（昭和30）年から住んだ家と土地を、遺族が調布市に寄贈したという。実篤はこの庭のことを著書『一人の男』で、「水のある事、古い土器が出る事、それに土筆が生えている事。僕

▲上町から11時前の〈渋24〉に乗り込み、世田谷通りを成城学園前駅西口まで揺られる

▼成城学園前駅西口で〈成05〉狛江駅北口行きに乗り換え、豪邸が並ぶ成城の街を行く

▼武者小路実篤の邸宅を公開している「実篤公園」では、庭のもみじが色づいていた

としては少し贅沢な庭である」と書いている。庶民感覚からすれば「庭」と表現するには広い敷地に、色とりどりの紅葉がまだ残り、美しい。画を好んだ実篤は、庭から花や木を採ってきて、それをモチーフに絵筆を走らせたという。庭には花実のなる木が多く、季節を感じさせる山茶花やセンリョウ・マンリョウの実、ヒメダイダイが色を競っている。なんと敷地内には湧水を湛えた池があり、竹林まであった。

併設の「武者小路実篤記念館」では、実篤の生涯を知り、作品を鑑賞することができる。実篤が住んでいた当時の写真や映像を見ると、今では住宅地になっている公園のまわりが、広い畑と野山だったことがわかった。実篤の理想の家は、武蔵野の自然と里山の風景の中にあったのだ。

▲「武者小路実篤記念館」に入館し、実篤の有名な作品をまねてかぼちゃを描いてみる

▼仙川の住宅街の「東風庵」で、そば焼酎のお湯割りと「野菜のかき揚げ」を注文する

成04　仙川駅入口14：08　調布駅南口14：38

かぼちゃのかき揚げとそばで人心地

仙川駅入口のバス停に戻る途中、「酒と手打ち蕎麦」という魅力的な看板を発見し、お昼はここに決めた。「東風庵」は上品な女将さんのいるお店で、常連さんの姿もちらほら。武者小路実篤の描いた有名なかぼちゃの絵を眺めてきた加藤さんと私、かぼちゃを使ったメニューはないかと探し、「野菜のかき揚げ」を注文した。冬至の近い今の時期にもぴったりである。

運ばれてきたかき揚げは、ボールのように真ん丸で、ゴロゴロとかぼちゃやにんじん、厚く切ったねぎが入っていた。「お好みで抹茶塩をつけて召し上がってください」と女将さんが勧める。いただくと、外はサクサク、中はホクホクで、とてもおいしい。ここで

我慢しきれず、そば焼酎のお湯割りを頼み、お酒で身体を温めることに。そばは玉子とじそばを選んだ。散らした柚子の皮からいい香りが立ち上り、冷え切った身体がぽかぽかに温まった。

仙川駅入口のバス停からバスに揺られていると、曇り空に光が射してきた。調布駅へ向かうバスは、下校の高校生が乗り込み混雑している。到着した調布駅は、京王線の地下化工事で駅前の風景が一変していた。駅舎があったはずの場所は広場になっている。広場に立って、線路が延びていたはずの方向を見ると、その先には真新しい大きな商業ビルがオープンしていた。ここに線路があったことが忘れられてしまうのも時間の問題だろう。

国立天文台

▲仙川駅入口から〈成04〉で調布駅南口に着き、北口から〈境91〉で天文台前に降りる

| 境91 | **調布駅北口**14：45
天文台前14：59 |
| 境91 | **天文台前**16：50
武蔵境駅南口17：11 |

歴史ある天文台で見る武蔵野の夕暮れ

　車窓に映る空はすっかり晴れ、夕陽のような陽射しに変わった。天文台通りを行くバスの両側には雑木林や畑の風景が広がり、すっかり武蔵野の雰囲気が深まってきた。空が広く感じられる。バスは野川を渡り、天文台前に到着した。「国立天文台」と大きな文字で刻まれたいかめしい門を入り、見学者受付で名前を記入する。受付の建物自体が登録有形文化財になっているのだが、これはほんの序の口だ。

「国立天文台」は最先端の天文学の研究を行っているセンターであり、日本の天文学の歴史をそのまま残す文化遺

▼武蔵野の雑木林の中の「国立天文台」を訪ね、まずは「第一赤道儀室」から見学する

▲「65cm屈折望遠鏡」がある「大赤道儀室」は「天文台歴史館」となっており、「国立天文台」の歴史がパネル展示されている

▼天文台前から再び〈境91〉に乗り、武蔵境駅南口のイルミネーションに迎えられる

産でもある。前身の「東京天文台」がこの地に移転してきたのは1914（大正3）～1924（大正13）年のことで、移転時につくられた大正期の研究施設の中には、最近まで現役だったものも多い。私たちは乾いた落ち葉を踏みながら、広い敷地の中にぽつりぽつりと建つ施設を回り、見学した。そのほとんどが登録有形文化財として保存されている。建物自体が天体観測用の望遠鏡や観測室になっていて、中に入って過去の観測資料や観測方法の展示を見ることができるものもあった。

構内は静かで、鳥のさえずりが聞こえるくらいである。時折、近くにある調布飛行場から飛び立つプロペラ機の音が響き渡る。いったい今はいつの時代なのだろうと、不思議な気持ちになってしまうような時間が流れていた。

研究はどこかほかの棟で行われているのか、白衣の研究者と1度すれ違った以外、人影はほとんど見えない。けれども、ここには100年前から研究に人生を捧げてきた人たちの情熱や意欲が集っているようで、ふつふつとした熱い何かを感じた。やがて日が暮れ、葉を落とした雑木のシルエットが武蔵野の冬の空に印象的に浮かび上がり始めた。天体観測をしたこともほとんどなく、興味もなかった私の頭上にも、いつの間にか星がまたたいていた。

16時50分の武蔵境駅行きバスは、帰宅の人で席が埋まっていた。暖かい車内にホッとする。車内の赤い降車ランプが光り、対向車のライトや、民家のイルミネーションが窓に映る。駅に近づくにつれ、立ち客も増えた。コート、マフラー、手袋、ブーツ、帽子。バスは冬の装いをいっぱいに詰め込んで、夜の武蔵境駅南口に到着した。

川越道緑地古民家園

| 国29-2 | 国立駅北口8：40
幸町二丁目8：51 |

里山の風景を残す雑木林と古民家園

　武蔵境の駅前に宿をとり、翌朝は中央線で国立駅まで移動した。ここからは立川バスのエリアである。北口ロータリーの1番乗り場で待つと、昨日一日中乗っていた小田急バスとほとんど同じカラーリングのバスがロータリーを回ってやってきた。よく見ると「立川バス」の文字。昨日までとの一番の違いは、後乗りで運賃が後払いになることだ。私は今日も1日乗車券（「1day立パス」＝700円）を利用するので、先に運転士さんのところまで行き、ICカードに記録してもらった。

　5人ほどの乗客が乗り込み、バスは定刻に発車した。住宅地を行く立川バスの車窓には、おそらく昔は農家だったのだろうと思われるような、庭のある大きな家が多い。幸町二丁目でバスを見送り、青空の下を歩いた。道路沿いには畑が広がり、ねぎや大根が食べごろを迎えている。しばらく行くと、「川越道緑地」と呼ばれる一角があった。武蔵野を感じる雑木林は、枯葉と枯れ草のいい匂いでいっぱいである。

　林の隣には、移築された古民家を見学できる古民家園があった。嘉永年間（ペリー来航のころ）に建てられた茅葺きの「小林家住宅」は、靴を脱いで上がり、中までじっくり見学できる。日当たりのいい縁側に腰掛け、庭を眺めながら、当時の生活を想像した。

「武蔵野」はその昔、「どこまでも続く原野」という意味で、寂しく侘しい景色の描写の中によく現れたが、後に

乗車路線・区間・時刻・車両

【2日目】
国立駅北口8：40
　⇩国29-2／J731（上水）
幸町二丁目8：51
砂川八番10：25
　⇩玉17／J748（上水）
玉川上水駅南口10：29
玉川上水駅11：05
　⇩MMシャトル／M8（瑞穂）
かたくりの湯11：50
武蔵村山市役所前13：58
　⇩立12-2／M819（瑞穂）
三ツ藤14：06
三ツ藤14：15
　⇩昭23／M807（瑞穂）
昭島駅北口14：44
昭島駅南口15：23
　⇩昭31／C351（シティ拝島）
田中町団地西15：34
拝島大師16：54
　⇩立82-2／H955（拝島）
立川駅北口17：21

▼翌朝はJR中央線で国立駅まで移動、北口1番乗り場から〈国29-2〉玉川上水駅南口行きに乗り、およそ10分の幸町二丁目で下車

は「懐かしい里山の原風景」として愛されるようになったという。武蔵野の里山は、人間と自然が共存する場所。そんな風景が、このあたりにも広がっていたのだろうか。見上げると飛行機が、冬の高い空に雲で線を引きながら飛んでいく。空のてっぺんは風が強いようで、まっすぐだった白い線がすぐにふにゃふにゃと消えていった。

羽村・山口線廃線跡

玉17	砂川八番10：25 玉川上水駅南口10：29
MMシャトル	玉川上水駅11：05 かたくりの湯11：50

軽便鉄道の廃線跡で往時の景色を想像

　砂川八番のバス停から、玉川上水駅南口へ。駅前を流れる玉川上水にはカモが泳ぎ、岸の草木も冬色だった。跨線橋で西武拝島線の線路を越え、北口のバス停からMMシャトルに乗車した。MMシャトルは、多くの自治体に普及したコミュニティバスの草分け的存在だという。私が乗ったバスは、マイクロバスを改造したような雰囲気の、古い車両だった。当初は距離制を採用していたようで、使われなくなった料金表がそのまま掲示されている。今は他のコミュニティバスと同じように、料金は一律で170円。団地開発の時代に続々とつくられた団地群や病院、商店街などを、小回りの利く車両でぐるぐる回っていく。乗客は年配の世代層が多く、乗り降りも多い。立ち客も出るほどの混雑は、イオンモールでほとんどの乗客が降りて収まった。

　時折、名産の狭山茶の茶畑が広がる景色の中をバスは走った。暖かい陽射

▲「川越道緑地」にある「小林家住宅」は嘉永年間に建てられ、土間と囲炉裏のあるオカッテのほか5つの部屋で構成されている

▼砂川八番から〈玉17〉で玉川上水駅南口に着き、北口から武蔵村山市コミュニティバス「MMシャトル」玉川上水ルートに乗車

し、のどかな空気に心地良い揺れ。つい居眠りしそうになるうちに、少しずつ道に起伏が出てきた。狭山丘陵の端にたどり着いたのである。かたくりの湯でバスを降り、近くの「武蔵村山市立歴史民俗資料館」を見学した。目的は「羽村・山口線」。1916（大正5）年ころから敷設が始まり、1944（昭和19）年に廃止されるまで、市内を走っていた12.6kmの軽便鉄道である。

当時、都心部の人口増加によって、神田上水や玉川上水だけでは水の供給量が足りなくなっていた。「羽村・山口線」は、水道用の水を貯めるための村山・山口両貯水池が建設された際、導水や砂利の運搬に使われた工事用の軽便鉄道である。当時、最新鋭のドイツ製ディーゼル機関車を含む28両の機関車、450両以上のトロッコが活躍したという。資料館では、鉄道のデータや貴重な写真資料をまとめた映像を見ることができた。

私たちは、資料館を出て廃線跡に向かった。「羽村・山口線」のトンネルが整備され、今は自転車道になっている。「横田トンネル」と書かれたトンネルは思ったよりも狭い。走っていた機関車もかなり小さなものだっただろう。トンネルを抜けると、カーブした道の先にまたトンネルがある。高台から見下ろすと、今はない線路が見え、砂利を満載したトロッコを引く機関車の音が聞こえてくるような気がした。

▲「武蔵村山市歴史民俗資料館」では、貯水池の建設に使用された軽便鉄道「羽村・山口線」の資料や写真を見ることができる

▼資料館近くにある「羽村・山口線」の廃線跡は現在、自転車道として整備されている

立12-2	武蔵村山市役所前13：58 三ツ藤14：06
昭23	三ツ藤14：15 昭島駅北口14：44

武蔵野の味"村山かてうどん"に舌鼓
　廃線跡から武蔵村山市の市役所があ

▲武蔵村山市役所近くの「一休」で、「肉汁かてうどん」に天ぷらを添えて昼食にする
▼市役所前から〈立12-2〉に乗車し、三ツ藤で〈昭23〉に乗り換えて昭島駅北口に到着

る中心部までは、徒歩でもそう遠くない距離である。私たちは、昼食を武蔵村山名物の"かてうどん"に決め、店を探して市役所近辺を歩いた。住宅地の中に「一休」を発見。「肉汁かてうどん」（600円）と、セルフサービスの天ぷらから春菊を選んで皿にとった。

"村山かてうどん"は、水で締めた麺を温かいつけ汁につけて食べる。季節の野菜を茹でたもの（かて）が添えられているのが基本形だ。この日のかては、冬の野菜である小松菜だった。色が濃く、塩分の強いつけ汁は、関東地方の農家の味を思わせる。肉汁には豚バラ肉がたっぷり入っており、麺は細めで汁がよく絡む。寒くても冷えたビールと一緒にいただく土地の味は、バス旅一番のご褒美である。

満たされた心と体で、武蔵村山市役所前のバス停から三ツ藤まで。青梅街道沿いには蔵のある大きな家が続く。三ツ藤のバス停で、昭島駅北口行きに乗り換えると、制服姿の中学生が乗り込んできた。もう下校の時刻らしい。バスは団地の風景の中を、お客を乗せたり降ろしたりしながら、1つひとつ着実に進んでいく。冬至の近い季節。気づけば今日ももう、陽射しに夕焼けの色が紛れ込んでいる。

拝島大師

| 昭31 | 昭島駅南口15：23
田中町団地西15：34 |
| 立82-2 | 拝島大師16：54
立川駅北口17：21 |

街に新年の足音を聴く年の暮れ

昭島駅の南口ロータリーで、次のバスを待った。15時23分発予定の田中町

団地行きは、少し遅れている。ベンチに座る年配の夫婦の近くで、小さな姉妹がハトを追いかけながら童謡『鳩ぽっぽ』を繰り返し歌っていた。おじいちゃんとおばあちゃんが孫を連れてお出かけ、といった様子だ。バス待ちに飽きてしまった女の子たちの傍らには、買ったばかりのおもちゃの袋があった。きっと祖父母からのクリスマスプレゼントなのだろう。

バスは昭島駅周辺の渋滞のため、約20分遅れでの発車になった。私の前に座った先ほどの夫婦と2人の孫娘は、「もうすぐ降りる？」「ママが待っているからね。いつもは車だけど、バスだと面白いでしょう」「……整理券をとらなきゃいけないなんて気がつかなかったなあ」「大丈夫、あなたの分もとりましたよ」と会話を続けている。窓の向こうには、美しい夕焼け雲が広がっている。武蔵野の広い空である。前の席の会話を聞くともなく聞きながら、私はバスに揺られた。

田中町団地西でバスを降りた乗客は、私たちのほかにも多かった。団地に住む人たちが、それぞれの家に帰っていく。私たちが向かったのは、初詣で有名な拝島大師であった。奥多摩街道に面した立派な南大門をくぐると、庭師さんが松の枝にこも巻きをしていた。越冬の準備である。拝島大師は正月2日と3日に行われる「だるま市」が有名で、その露店の数は関東有数と言われている。さぞかし混雑しているだろうと思ったのだが、この日の参詣客は私たちだけだった。

露店もひとつも出ていない。だるまの1つや2つ、買って帰れるかなと思っていたので、いささか拍子抜けしてしまったが、本堂にお参りし、鐘楼や

▲昭島駅と拝島大師を結ぶ路線はないため、南口から〈昭31〉で田中町団地西に降り、奥多摩街道を10分ほど歩いて大師を目指す

▼拝島大師の広い境内には、本堂、多宝塔、弁天堂などいくつもの堂宇が点在し、東側に圓福寺、西側に日吉神社が隣接している

▲拝島大師門前の和菓子店「元木屋」で、だるまの形をした「開運せんべい」を土産に

▼拝島大師から〈立82-2〉で奥多摩街道をひた走り、20分ほどで立川駅北口に到着した

お堂を外から見学した。すすきの穂が夕陽に透けてキラキラと光っている。あと半月もすれば、広々とした境内に初詣客がいっぱいになり、わいわい賑わうお正月がやってくる。

　門前に1914（大正3）年創業の老舗の和菓子屋「元木屋」があった。「谷口さん、だるまの代わりにだるまのおせんべいでもいかがですか」という加藤さんの誘いに乗って、だるまの形をした「開運せんべい」をお土産にひと袋いただいた。女将さんによると、今はお正月に向けての仕込みが佳境で、家族揃って大忙しとのこと。お正月は店のかき入れどきで、お客のほとんどが拝島大師への参詣の人だという。

　ショーケースにはさまざまなお菓子が並ぶ。和菓子屋だが、ダックワースやフィナンシェのような焼き菓子もある。地域の特産品や名所の名前をつけたお菓子が多く、地元愛を感じた。どれもおいしそうで迷ったが、冷蔵ケースの中の生どら焼き「ラムレーズンクリーム」を食べ歩き用に1つ購入。さっそくひと口頬張ると、思わず「おいしい！」と口に出してしまうほどの味だった。生クリームには白あんが混ぜてあるということだが、その分量が絶妙で、軽くてふわふわしていながら、しっかり食感もある。レーズンからラム酒が染み出して、しっとりしたどら焼きの皮と混ざり合う。抜群である。

　とっぷり日が暮れた拝島大師のバス停で、最後のバスに乗車。バス停のあたりが暗かったので、車内の明るさにひと安心する。17時21分、立川駅に到着。現代の武蔵野の中心地では、駅前のショッピングモールのショーウィンドがまぶしく年の暮れを彩っていた。

〔2017年12月15〜16日取材〕